# HISTOIRE

## DE LA

# Caricature

## AU MOYEN AGE

## ET SOUS LA RENAISSANCE

### PAR

# Champfleury

---

## DEUXIÈME ÉDITION

très-augmentée

---

## PARIS

### E. DENTU, ÉDITEUR

*Libraire de la Société des gens de lettres*

PALAIS-ROYAL, 17 ET 19, GALERIE D'ORLÉANS

# HISTOIRE

## DE LA

# CARICATURE

## AU MOYEN AGE
## ET SOUS LA RENAISSANCE

PARIS. — IMP. SIMON RAÇON ET COMP., RUE D'ERFURTH, 1.

LETTRE INITIALE

d'un manuscrit du XIIIe siècle. « Images du Monde. »

(British Museum.)

# A CORNEILLE VILA

## ARCHITECTE

# PRÉFACE

## I

À dire vrai, j'aurais mauvaise grâce à me plaindre du manque de sympathie des esprits sérieux pour cette série commencée déjà depuis longtemps ; cependant il est bon de répondre à un honorable membre de l'Université, ému de l'attentat contre le Beau que, selon lui, je commettais en étudiant de près l'art satirique chez les anciens. Préoccupé des manifestations dans le même sens exprimées plus nettement au moyen âge et s'ingéniant en diverses raisons pour me dissuader de donner suite à mes recherches, il disait, plein de mélancolie :

« Sans contester à l'art gothique le mérite de son architecture, convient-il d'admirer autant qu'on l'a fait des bas-reliefs grotesques?... Est-ce par là que nos cathédrales ont chance d'être avec succès opposées au Parthénon?... Et sont-ce des spectacles bien agréables à l'œil, bien divertissants pour l'esprit que des caricatures en pierre[1] ? »

Le critique qui posait ces questions timorées ne me semble pas avoir une idée bien nette du but et des résultats de l'archéologie.

Personne n'a jamais « admiré » démesurément les bas-reliefs satiriques des cathédrales. Il s'agit d'en scruter le sens, de le pé-

---

[1] Chassang, *la Caricature et le grotesque dans l'art grec*. (*Revue contemporaine*, 1865.)

nétrer et d'ajouter quelques pages utiles à l'histoire des siècles antérieurs.

Que vient faire le « Parthénon » en regard des figures satiriques des monuments religieux? Existe-t-il un écolier assez naïf pour opposer Phidias à d'humbles sculpteurs qui n'avaient pour règle qu'une symbolique confuse, pour gouverne que les caprices de leur imagination?

Qui a présenté ces spectacles comme « agréables à l'œil et divertissants pour l'esprit? »

Il est réellement trop facile de combattre le spiritualisme effarouché qui se fait jour à travers les plaintes de l'honorable universitaire.

« Ce qui arrête et fixe trop nettement les formes, ajoute-t-il, n'est pas propre à l'expression du ridicule, car les arts plastiques vivent de beauté et l'expression des ridicules est un commencement de laideur. La véritable place du grotesque n'est donc pas dans les œuvres de la sculpture et de la peinture, mais dans les rapides dessins d'un spirituel et malin crayon. »

1.

De nos jours, où la caricature est exclusive-
ment cantonnée dans les petits journaux, je
n'ai pas encore rencontré d'architecte appelé
à bâtir une église moderne qui ornementât la
façade et les chapiteaux de magots et de figures
bouffonnes.

L'art, tel que l'étudient les archéologues,
n'a rien à voir avec le contrôle des esthéticiens.
Les manifestations du Beau sont étudiées, mais
avec la même balance qui pèse le Laid. L'archéologue n'enseigne pas, il constate. La séré-
nité, la pureté des lignes dans les œuvres d'art
lui semblent sans doute préférables à l'expression du grotesque ; il n'en recueille pas moins
précieusement ces formes grimaçantes qui
donnent peut-être une idée plus exacte et plus
vive des mœurs, des coutumes et des usages du
passé, qu'un pur et noble contour.


## II


Depuis la fin de la Restauration, époque à laquelle l'archéologie posa ses premiers jalons,

de nombreuses affirmations contradictoires et empreintes d'exagération furent portées devant un tribunal où ne devrait siéger que l'impartialité.

Je me suis efforcé de ramener à leur juste valeur les affirmations de partisans d'un symbolisme effréné; il fallait nettoyer le terrain de polémiques sans résultat entre ceux que plaisamment Voltaire appelait « antiquaires à capuchon » et d'ardents esprits qui ne regardent les faits qu'à travers la lunette révolutionnaire.

Ce serait toutefois faire acte d'énorme vanité que de prétendre avoir raison, seul, dans les matières si controversables de symbole, d'emblème, d'allégorie, qui ont donné naissance à ce que les uns appellent symbolique chrétienne indirectement dogmatique; les autres, iconographie hiératique; certains, langage figuratif et populaire.

Si l'analogie était une science, elle devrait être le plus utile instrument au service de l'archéologue. Les monuments des divers siècles, mis en regard, fournissent tout à coup des lumières inattendues; mais il faut avoir beaucoup vu, beaucoup voyagé : il est bon surtout de consulter sans cesse des cartons bourrés de dessins, car en archéologie l'image prime le texte.

Pour prendre un exemple, on peut comparer les dessins des manuscrits d'un Térence du neuvième siècle avec certaines figures du *Roman de Fauvel*, du quatorzième siècle.

Figure détachée d'une miniature du *Roman de Fauvel*
(xIVᵉ siècle).

Il y a là certains rapprochements curieux à établir avec ces masques d'élément païen;

Miniature du Térence
de la bibliothèque du Vatican
(IXᵉ siècle).

mais l'inspiration chrétienne, quoique confuse
au début, se dégagea bientôt de ces ressouvenirs ; les masques des anciens n'influencèrent
que médiocrement les auteurs des mascarons
des édifices gothiques. Par une sorte de génération spontanée dont les produits grouillent
à l'ombre des monuments comme des vers dans
un coin de terre humide, ces larves informes
s'agitent, dressent la tête, remuent la queue,
commencent par ramper au pied des statues,
et, semblables à de mauvaises herbes, enva-
hissent les sommets les plus élevés des cathédrales ; elles n'ont rien de commun avec les
manuscrits historiés du poëte latin.

A partir du dixième siècle, un certain développement se fit sentir, marchant vers la
réalité qui jusque-là n'avait paru qu'une
lueur lointaine. C'est alors qu'il est intéressant de lire la bizarre écriture que traçait le
peuple sur la pierre. On démêle les pensées
confuses qui emplissaient son esprit : terreur,
sentiment égalitaire, raillerie qu'exprime une
trilogie qui, du moyen âge, va jusqu'à la Re-

naissance : le Diable, la Danse des Morts, Renart.

De ces héros, qui occupèrent une si grande
place dans la poésie et l'art, on peut encore
tirer quelques enseignements, quoique aujour-
d'hui ils semblent archaïques.

Le diable est usé; le peuple n'y croit plus
depuis longtemps, et les Flamands se raillent
de lui, qui lui font jouer du violon avec un soufflet de cuisine et une cuillère à pot pour archet.

D'après un manuscrit flamand de la bibliothèque de Cambrai.

L'esprit moderne l'a dépouillé de sa défroque
et de ses accessoires de convention. Au diable
le diable!

Il n'en est pas de même de la Danse des Morts ; jusqu'à la fin de l'humanité elle restera actuelle, et plus d'un artiste reprendra le thème du grave Holbein.

J'ai beaucoup songé au *Roman de Renart* pendant la guerre de 1870. Dans les manœuvres des Allemands, dans la politique prussienne, je retrouvais le même esprit de ruse qui circule à travers le poëme : on comprend l'enthousiasme excessif qu'excite encore Renart en Allemagne.


## III


Dans un ordre inférieur et cher aux archéologues, à commencer par Monteil, qui eût laissé un livre d'un intérêt bien plus considérable, si ses patientes études avaient été éclairées par les dessins et les monuments originaux qui passèrent sous ses yeux, toute une histoire nouvelle est à faire des mœurs et des coutumes et payera de ses efforts celui qui aura la patience de confronter les édifices religieux et civils avec les manuscrits historiés.

On pourrait presque se passer de science, comme la vieille dont parle Villon :

> Femme je suis, pauvrette et ancienne,
> Qui riens ne sçay, onques lettres ne leuz ;
> Au moustier voy, dont suis paroissienne,
> Paradis painct où sont harpes et luz
> Et un enfer ou dampnés sont boulluz.
> Lung me fait pour, l'autre joye et liesse.

Toute la vie du passé se déroule vive, claire et animée, grâce à la sculpture et à la peinture. Il ne faut que du temps pour l'y chercher, beaucoup de temps. J'en ai dépensé le plus qu'il m'était possible, en me rendant compte de la bande de *desiderata* que traîne après elle toute œuvre d'érudition.

Toutefois je me sentais poussé par les esprits qui ont soif de science : « Nous avons en France, en Angleterre, en Allemagne, écrivait l'un d'eux, des savants, des académies entières qui travaillent et qui veillent dans l'espoir de découvrir le sens d'anciens caractères cunéiformes, runiques, etc.; mais aucun de ceux-ci, que je sache, ne s'occupe de déchiffrer la pensée déposée par nos pères dans ces milliers de figures qui étonnent les artistes modernes par leur aspect étrange et leur nature complexe [1]. »

D'après le manuscrit des *Comédies* de Térence.

C'est au public à dire si j'ai rempli une partie de ce programme; si les *sotties* de pierre, que quelques délicats rangent dans la classe des *ineptiarum*, méritaient la dépense de quelques années.

Paris, 1867-1871.

[1] César Daly, *Revue de l'architecture*, 1847.

# HISTOIRE

## DE LA

# CARICATURE AU MOYEN AGE

---

## CHAPITRE PREMIER

### VANITÉ DU SYMBOLISME

i un homme a contemplé la façade des édifices consacrés au culte chrétien, sans éprouver un certain trouble en face des grimaces et des railleries de toute sorte accumulées sous les porches, il peut être déclaré de nature particulièrement flegmatique et indifférente.

2.

A côté de pieuses statues, dont les belles lignes se reflètent en rayonnements harmoniques pour les yeux, sont des entrelacs de diableries et d'obscénités. Vices et passions sont représentés avec une grossière brutalité ; la luxure a rejeté tout voile et apparaît bestiale et sans pudeur.

Incompréhensible comme la décoration des monuments égyptiens, cet art de pierre est prodigue de monstres fantastiques, d'horribles gnomes, de larves hideuses enroulant d'étranges nudités, qu'on croirait sculptées au fronton des cathédrales pour tenter les fidèles ; même les anciens Flamands, qui ne brillent pas par la délicatesse, Jérôme Bosch, Breughel, quoiqu'ils se soient complu à de pareilles conceptions, semblent des raffinés à côté des imagiers du moyen âge.

L'imagination s'égarerait à suivre ces débauches du ciseau si la science archéologique, qui cherche les secrets de toute pierre ornementée, ne s'était préoccupée à juste titre de ce balbutiement de l'art qui fut le trait d'union entre le dernier souffle de l'antiquité et les élégances de la Renaissance.

Sur cette question, il existe un certain nombre d'ouvrages spéciaux. L'explication de la symbolique chrétienne fut d'abord le thème sur lequel chaque archéologue brodait à sa fantaisie. Plus tard, la même thèse servit de passe-port à la politique. Les

Bas-relief de la voussure du portail de Notre-Dame de Paris
(xiiᵉ siécle).

adversaires de l'Église saisirent avec empressement l'occasion de lutter sur un nouveau terrain contre des écrivains pieux, mais passionnés : si quelques-uns émettaient des avis sensés et rationnels, d'autres, et ce furent les plus nombreux, firent du symbolisme un prétexte à divagations plus troublantes encore que cet art troublant. Chaque sculpture donna lieu à une controverse animée ; on voulut voir dans de naïfs imagiers des doctrinaires, des libres penseurs. La pierre devint éloquente, plus éloquente souvent que ceux qui lui prêtaient le secours de leur imagination. Elle fut déclarée tour à tour enseignante, pieuse, sceptique, croyante, révolutionnaire et sociale.

Cette argumentation, particulière à notre temps, eut pour résultat de faire négliger l'étude des faits : à bout de raisons, la plume devint fertile en déraisonnements. Et si je viens émettre une fois de plus mon avis à propos de ce dangereux symbolisme, c'est à titre d'homme sans attaches et sans passions politiques ou religieuses, dont la principale foi est la recherche de la réalité.

Malgré la bizarrerie confuse des motifs sculptés du moyen âge, quelques-uns offrent souvent trace d'une greffe antique. Dans les peintures des catacombes apparaît l'aurore du culte naissant en face du coucher du soleil du paganisme. Les sirènes, les

satyres se mêlent aux figures pieuses, et l'image
d'Orphée tient autant de place que celle du Christ.

Le christianisme ayant fait invasion dans l'art
romain, l'art romain traverse les Alpes pour lancer
sa dernière note au milieu des concerts chrétiens.
Comme dans le culte idolâtrique, des monstres et
des animaux fantastiques s'accrochent aux chapiteaux des églises, bâtissent leur nid dans les modillons du portail et troublent la tranquillité d'un
symbolisme nouveau que le christianisme avait
tenté d'inaugurer dans les catacombes. Aussi, jusqu'au seizième siècle, voit-on en France les saintes
femmes marcher en compagnie des sibylles, les
chérubins des sirènes, les apôtres des monstres
païens, et ce n'est pas seulement sous les portails
des églises que ces assemblages hybrides se remarquent : les miniaturistes, moines pour la plupart,
se sont plu à reproduire avec leurs pinceaux, dans
les livres d'Heures à l'usage des princes et des dignitaires de l'Église, ces alliances profanes et sacrées.

Ce sont les vagues et confuses réminiscences de
l'ancien culte, se mêlant aux croyances modernes,
qui ont produit une grave confusion chez ceux qui,
pour juger l'art, ne remontent pas aux traditions
du passé.

L'Église, au début, comprit le danger des deux
langues contradictoires que la sculpture parlait en

même temps. Au cinquième siècle, l'art familier de la décadence se glissant dans le culte nouveau préoccupe saint Nil, qui écrit à Olympiodore :

« Vous me demandez s'il est convenable de charger les murs du sanctuaire de représentations ou figures d'animaux de toute espèce, de sorte que l'on voit sur la terre des filets tendus, des lièvres, des chèvres et d'autres bêtes cherchant leur salut dans la fuite, près de chasseurs qui s'épuisent de fatigue pour les prendre et les poursuivent sans relâche avec leurs chiens ; et ailleurs, sur le rivage, toutes sortes de poissons recueillis par les pêcheurs? Je répondrai que c'est une puérilité d'amuser ainsi les yeux des fidèles[1]. »

Il faut prêter attention aux recommandations du saint personnage : *C'est une puérilité*, dit-il, *d'amuser ainsi les yeux des fidèles*. De telles paroles ont une portée que les partisans du symbolisme *à outrance* devraient méditer, et si on y ajoute les graves réprimandes que, sept siècles plus tard, saint Bernard fit entendre à ceux qui avaient pour mission d'ordonner l'ornementation des églises, alors les pompeuses déclamations de nos jours, ruinées par de telles preuves, tombent comme de vieux plâtras.

Du sixième au quinzième siècle, l'art sculptural devient encore plus hiéroglyphique : il portait la

---

[1] *Maxima Bibliotheca Patrum,* t. XXVII, p. 525.

défroque de tuniques anciennes, il s'en dépouille
pour arborer des couleurs apocalyptiques.

Ce sont des corps humains surmontés de têtes
d'animaux, des têtes de nature équivoque, des

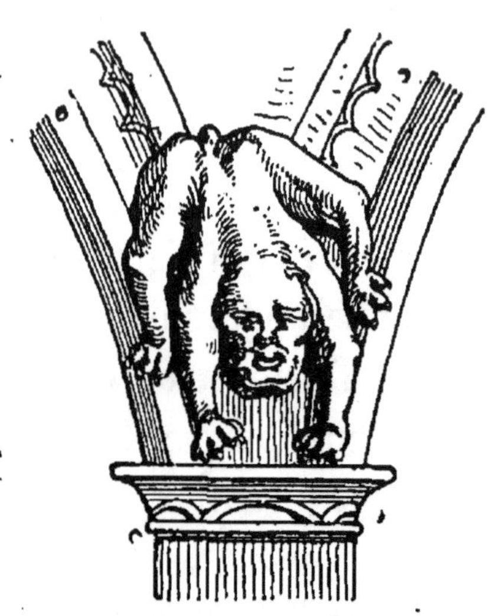

Chapiteau de l'abbaye de Saint-Benoît-sur-Loire (xi° siècle).

diables soufflant à plein gosier le feu sous d'é-
normes chaudières, des damnés emportés par des
chevaux fougueux, des femmes dont les parties
sexuelles sont dévorées par des démons, des animaux prêchant en chaire, de sauvages cavaliers traî-
nant à la queue de leurs chevaux des malheureux
dont le ventre déchiré laisse passer les entrailles,
des dragons dont la gueule grimaçante vomit l'eau
des gouttières, des singes couverts de frocs, des têtes
d'hommes demi-fous, demi-prêtres, de grandes
dents et de plus grandes bouches encore qui avalent

des gens tout entiers, des bêtes touchant de l'orgue,
des faunes grimaçants qui narguent les fidèles, des
victimes que des démons empalent sur de longues
broches, des ânes qui braient en pinçant de la lyre.

Saint Bernard, alors abbé de Clairvaux, ému de
cette licence de l'art, écrit à Guillaume, abbé de
Saint-Thierry : « A quoi servent, dans les cloîtres,
sous les yeux des frères et pendant leurs pieuses
lectures, ces ridicules monstruosités, ces prodiges
de beautés difformes ou de belles difformités? Pourquoi ces singes immondes, ces lions furieux, ces
monstrueux centaures, ces animaux demi-hommes,
ces tigres tachetés, ces soldats qui combattent, ces
chasseurs qui sonnent de la trompe? Ici une seule
tête s'adapte à plusieurs corps : là, sur un seul

Modillon de l'église de Poitiers.

corps, se dressent plusieurs têtes. Tantôt un quadrupède porte une queue de serpent, tantôt une tête
de quadrupède figure sur le corps d'un poisson.
Quelquefois, c'est un monstre avec le poitrail d'un

cheval et l'arrière-train d'une chèvre. Ailleurs, un animal cornu se termine en croupe de chéval. Il se montre partout enfin une variété de formes étranges si féconde et si bizarre, que les frères s'occupent plutôt à déchiffrer les marbres que les livres et passent des jours entiers à contempler toutes ces figures, bien mieux qu'à méditer sur la loi divine... Grand Dieu! si vous n'avez honte de semblables inutilités, comment au moins ne pas regretter l'énormité de la dépense[1]! »

Personne n'a donné une idée plus nette de cette liberté de bizarreries de la pierre que saint Bernard ; personne n'en a mieux démontré le caprice ; aussi sa trop exacte description a-t-elle contrarié certains archéologues qui, cherchant à faire plier les faits à leurs doctrines, croient naïvement ranimer la foi par de certaines explications des figures qui, à juste titre, préoccupaient l'abbé de Clairvaux.

« Saint Bernard, mal compris dans un passage de ses écrits, lu beaucoup trop rapidement, fut vengé par un de nos contradicteurs, » dit l'abbé Aubert[2].

L'admonestation de saint Bernard est d'une clarté à désespérer les ergoteurs, et, à moins de nier l'au-

---

[1] Ceci, il ne faut pas l'oublier, est écrit au douzième siècle.

[2] *Considérations sur l'histoire du Symbolisme chrétien,* par l'abbé Aubert. (*Bulletin monumental,* 1857.)

thenticité de ce document, il est positif que l'abbé de Clairvaux ne voyait dans ces sculptures que ce qui s'y trouvait, c'est-à-dire des caprices sans *utilité* pour les esprits véritablement pieux. Plus importante encore que celle de saint Nil, l'attestation de saint Bernard éclaire l'archéologie et prouve qu'une complète indépendance dans le détail architectural était laissée aux tailleurs de pierre.

Le prétendu symbolisme religieux se résume donc en deux questions :

1° Ces sculptures bizarres étaient-elles commandées par l'Église comme exemple et châtiment des vices?

— Non, répondent saint Nil et saint Bernard, de telles sculptures n'avaient pas qualité de symboles : l'Église laissait faire sans y prendre garde.

2° Ces sculptures étaient-elles des caprices d'ouvriers qui se raillaient de ceux qui les faisaient travailler?

— Oui, répondent les archéologues sans attaches, les tailleurs de pierre faisaient le plus souvent preuve de raillerie contre le clergé[1].

---

[1] Cette dernière affirmation a paru si grave à certains érudits, qu'un savant jésuite, le P. Cahier, qui a consacré sa vie à des études archéologiques, m'écrivait : « Je m'inscris en faux contre la représentation des moines que vous prétendez voir dans bien des sculptures du moyen âge. Tout le monde alors portait le capuchon : il s'agit d'établir si tous les gens encapuchonnés comptaient pour des

Pour éclairer la question, il est utile de donner quelques détails sur la fondation des églises et l'enseignement prêché aux ouvriers.

Les hagiographes du moyen âge nous apprennent que, lorsque des abbés faisaient construire des églises dans leur monastère, ils appelaient, le soir, les peintres et les sculpteurs à la lecture pour leur donner connaissance des actes des saints et des martyrs qui devaient servir à leurs compositions. C'était une ancienne coutume. Grégoire de Tours parle de la femme de saint Namatius, neuvième évêque de Clermont, qui, faisant bâtir au cinquième siècle l'église Saint-Étienne (aujourd'hui Saint-Eutrope), lisait aux peintres les légendes des saints. Le *maître de l'œuvre*, c'est-à-dire le chef de l'entreprise, habituellement prêtre ou moine, dépendait de l'abbé dirigeant lui-même les travaux sous l'inspection de l'évêque, celui d'entre tous qui connaissait le mieux l'exégèse et semblait le plus capable de l'interpréter.

Mais un esprit nouveau souffla à partir du onzième siècle. Des fabliaux satiriques circulèrent, qui étaient les « petits journaux » du temps, et si les ouvriers étaient tenus d'écouter le soir une

moines. Je me charge de prouver le contraire. » Par l'ensemble des preuves gravées dans ce volume, le lecteur jugera de quel côté se trouve la vérité.

pieuse lecture, ce n'était pas tant alors la vie des saints ou des martyrs, que des gausseries rimées qui répondaient à leur esprit.

La plupart des grandes basiliques de France furent bâties entre le douzième et le treizième siècle, alors que des confréries maçonniques remplaçaien les confréries monacales. Le règne de l'ogive commence, et le style ogival, comme on l'a fait remarquer, est le signe de la prise de possession de l'architecture religieuse par les laïques ; or, ces confréries maçonniques, livrées à leur propre gouverne, appliquèrent dès lors à l'art ornemental le caprice de leur imagination : un vague symbolisme pouvait s'essayer à traduire les vices et les passions, ce n'était plus le *symbolisme prémédité* des premiers constructeurs d'églises.

Toutefois, je ne prétends pas faire de ces ouvriers des *penseurs*, des *révoltés*, des *révolutionnaires* ; on a trop abusé de ces qualifications.

Les tailleurs d'images avaient une idée de l'enfer et des vices qui y précipitent ; en traits naïfs, ils inscrivaient sur pierre la représentation de ces péchés et de leur châtiment, obéissant en outre aux croyances populaires du moment et aux prédictions qui avaient cours.

En l'an 1000, l'Europe tout entière crut aux prophéties de la fin du monde, basées sur une interprétation d'un passage de l'Apocalypse. Le jugement dernier semblait proche, l'Eglise fit tourner ces terreurs à son profit; de nombreux prédicateurs prirent pour thème la fin prochaine du monde et remplirent d'épouvante, par une éloquence foudroyante, les esprits timorés. Ces croyances et ces

Chapiteau de l'église Saint-Georges de Bocherville (Normandie).

terreurs se retrouvent encore sur la plupart des cathédrales du onzième siècle, traduites en scènes bizarres par les ciseaux des tailleurs de pierre.

Ce qui n'empêchait pas l'esprit satirique d'interpréter par de capricieuses ornementations les poëmes que les sculpteurs avaient lus ou qu'on leur contait. Témoin la légende de *Renart*, qui, jusqu'à la Renaissance, joua un si grand rôle dans les détails de l'ornementation architecturale.

J'ai dit, dans de précédentes études, que l'Église, se sentant forte, ne craignait pas ces railleries, plus violentes d'ailleurs contre les moines que contre le culte. L'Église ne pouvait prévoir les assauts qui, depuis, ont plissé le front de ses dignitaires et l'ont rendu soucieux.

Certains prélats d'alors avaient l'esprit plaisant et ne le cachaient pas, à s'en rapporter à un sceau du treizième siècle qui représente un *singe encapuchonné*, tenant à la main un *bâton abbatial*.

— Satire contre les gens d'Église, dira-t-on.

Ce n'est pourtant qu'une facétie d'un prêtre railleur, le cachet imaginé par un abbé de bonne humeur. Le sceau fut commandé à un graveur par Guy de Munois, abbé de Saint-Germain d'Auxerre, de 1285 à 1309, avec la légende : *Abbé de singe air main d'os serre.* Tel était l'esprit du temps. Un *abbé* était de nature assez plaisante pour se laisser représenter en *singe*, sans que son mandat perdît de son autorité.

Si tous les monuments étaient aussi clairs, on eût évité bien d'inutiles discussions[1].

---

[1] Un sceau en bronze à peu près semblable fut trouvé au dix-huitième siècle dans les démolitions de l'ancien château de Pinon en Picardie. Un singe en vêtement épiscopal, tenant une crosse à la main, est représenté avec cette légende : LE : SCEL : DE : LEVES-QUE : DE : LA : CYTÉ : DE : PINON.

Faut-il chercher dans cette légende un des *rébus de Picardie* si

Il y eut cependant parfois symbolisme de la part des confréries maçonniques, et un archéologue distingué l'a prouvé dans une étude concise, qui fait oublier le fatras dont on a rempli des volumes.

communs à cette époque? Doit-on y voir la représentation d'un évê-que des Fous? Y a-t-il là quelque satire contre un dignitaire de l'Église?. Un archéologue a prétendu que ce sceau satirique avait

Sceau trouvé au château de Pinon.

été placé en vue tout exprès par un huguenot sur la dernière pierre du château de Pinon, sur le point d'être pris par les catholiques. Le huguenot aurait ainsi raillé ses ennemis, même après la défaite de son parti. Le sceau de l'abbé de Saint-Germain d'Auxerre témoigne qu'il n'est pas besoin de se creuser si profondément la cervelle.

« Et ces figures hideuses, monstrueuses, sans nez, sans mâchoires, cornues, disloquées, déchirées par des mains railleuses ou désespérées, — symboles. On y verra, si l'on veut, l'image de l'esprit du mal, ou la personnification des vices et des impuretés de l'homme. L'Église aura essayé d'effrayer par la laideur du mal ceux qu'elle ne pouvait toucher par la beauté du bien. Quelquefois aussi elle aura voulu donner une idée des tourments des damnés, de la rage et des grincements de dents des pécheurs.

« L'allégorie deviendra plus saisissable encore quand certaines circonstances accessoires viendront expliquer la cause du supplice;

« Quand le gourmand, sous la forme d'un porc, sera muselé et bridé, comme à Chef-du-Pont et à Octeville, dans le département de la Manche;

« Quand des serpents ou des crapauds s'attacheront aux seins ou aux parties génitales de la femme impudique, comme on peut le voir dans beaucoup d'églises et au musée du Mans;

« Quand d'autres serpents s'élanceront sur l'avare affaissé sous le poids de la grande bourse qui pend à son cou, comme cela est représenté à Saint-Marcouf, à Tallevart, à Foncarville, à Sainte-Marie-du-Mont (Manche);

« Quand le paresseux, presque nu, se soutiendra

à grand'peine sur les bras de deux personnes, comme il est sculpté à Saint-Marcouf ;

« Quand l'ivrogne se plongera tout entier dans son tonneau, comme à Sainte-Marie-du-Mont[1]. »

De tels exemples sont innombrables à recueillir sur les monuments gothiques ; mais de là à croire aux règles et aux formules des anciens hagiographes, tel que le fameux Guillaume Durand dont la symbolique excessive a jeté tant de trouble dans des cerveaux mal équilibrés, il y a loin.

Tout a sa signification, suivant Guillaume Durand, dans les objets employés à l'édification des églises.

Les *pierres* représentent les fidèles.

La *chaux* qui entre dans le *ciment* reliant chaque pierre est l'image de la charité fervente ; elle se mêle avec le *sable* en témoignage des « actions entreprises pour le bien temporel de nos frères. »

L'*eau* qui mélange la *chaux* et le *sable* est l'emblème de l'Esprit-Saint. « Et comme les *pierres* ne peuvent adhérer ensemble sans *ciment*, de même les hommes ne sauraient entrer sans la charité dans la construction de la Jérusalem céleste[2]. »

Et on commente encore aujourd'hui un tel sym-

---

[1] *Observations sur le Symbolisme religieux*, par M. de la Sicotière.
[2] Guillaume Durand, *Rationale divinorum officiorum*, 1459.

bolisme, et on en glose ; il existe une classe d'archéologues qui en font leur nourriture habituelle, et voudraient donner comme actes de foi ces significations prétendues théologiques ; on affirme qu'une telle langue figurative était comprise de tout le moyen âge, et cette iconographie prétendue hiératique est érigée en symbolisme chrétien et dogmatique !

Ailleurs les portails sont appelés les *cathéchismes moraux des emblèmes ;* dans les gargouilles fantastiques du moyen âge on veut voir « l'emblème des esprits malins qui se retirent des murs sacrés[1]. »

J'admets le caractère précis de l'*Explet de la pérégrination humaine*, compilé par frère Guille de Guyeville, en 1331. Chaque péché capital, décrit avec ses attributions, est dessiné sur les marges du manuscrit. Ainsi l'*Orgueil* porte un *soufflet ;* les serpents rongent certaines parties du corps des luxurieux : ces figures emblématiques représentent les vices. Par de telles représentations, qui se rapprochent des visions de Dante, Guille de Guyeville montre des malheureux entourés de flammes et de crapauds, « et autres vermines nuisens, » qui s'at-

---

[1] Voir le *Symbolisme dans les églises au moyen âge*, de MM. J. Mason Neable et Benj. Webb, avec introduction par l'abbé Bourassé, Tours, Mame, in-8, 1857.

taquent à des gens ayant vécu « très-luxurieuse-
ment[1]. »

Mais je ne croirai jamais que l'ogive soit la représentation de la Trinité, et les symbolisateurs qui
interdisent l'emploi de l'ogive au culte protestant
me semblent encore plus excentriques qu'intolé-
rants[2]. »

On voit à l'église de Poitiers des modillons qui
offrent un amalgame singulier, au milieu duquel se
remarquent Jésus-Christ, des animaux musiciens,
les quatre évangélistes, des monstres grimaçants,

Modillon de l'église de Poitiers.

David jouant de la harpe, de grotesques mascarons,
le pape, etc. Un homme d'esprit se plaignait que la

---

[1] Manuscrit de la bibliothèque de Metz.

[2] MM. Mason Neable et Webb n'admettent pas qu'un « architecte
catholique dessine une triple fenêtre, emblème reconnu de la très-
sainte Trinité, » pour une secte dissidente. C'est, disent ces catholiques anglais fanatiques, « prostituer l'architecture parlante de
l'Église, » que de la « mettre au service de ses ennemis les plus
acharnés. »

langue allemande fût parlée par les Allemands. Il
est fâcheux que ces sculptures se trouvent à Poitiers : elles ont donné naissance dans le pays à
une école de symbolisateurs *à outrance* qui en
font une question de dogme.¹ A leur tête marche
l'abbé Aubert, qui va partout prêchant la croisade
contre les archéologues qui ne sont pas de son
opinion. Qui discute les doctrines de l'abbé Aubert
est déclaré répudiant « un spiritualisme incom-
pris » et « embrouillé dans la matière. » Mécréants
les savants, les écrivains qui ne se rangent pas sous
sa bannière. Naturellement, l'abbé Aubert a recruté
de nombreux partisans.

A propos des caprices fantastiques et des modillons de l'église de Poitiers, « l'abbé Aubert a acquis
la *certitude* de leur signification symbolique, » dit
M. de Bastard.

M. de Bastard étant un sectateur du symbolisme à outrance, je le laisserai parler d'abord, je
discuterai ensuite.

« Jusqu'ici, dit-il, les modillons ont été traités
par les antiquaires avec un mépris que ces figures
ne méritent certainement pas. Il importe beaucoup
de dissiper l'obscurité qui les couvre et de soulever ainsi, en les rapprochant les uns des autres, le
voile qui cache la signification de sculptures nombreuses, éminemment symboliques, où le sacré se

mêle au profane, où le sérieux est opposé au burlesque, et quelquefois la moralité à l'obscénité. Tout
en reconnaissant dans ces ornements architectoni-
ques une transmission de l'antiquité grecque et romaine, tout en convenant de l'ignorance probable,
en fait de symbolique chrétienne, de beaucoup d'i-
magiers, il semble impossible d'admettre que les
représentations où les figures, l'attitude et les
gestes nous paraissent grotesques et indignes de la
majesté d'un temple du Très-Haut, puissent être
mises en bloc à la charge du caprice de l'artiste ;
on se refuse à croire qu'une intention mystique n'ait
pas présidé à une œuvre tant de fois répétée dans le
monde catholique, durant le cours de plusieurs
siècles. »

M. de Bastard, cherchant l'analogie entre les miniatures de manuscrits et les caprices des modillons, produit, comme pièce de conviction, une vignette tirée d'un livre d'Heures manuscrit de la fin
du treizième siècle.

« Une longue expérience, ajoute-t-il, nous a donné
cette conviction que les figures marginales, fort
souvent inspirées par la lecture de la page même,
*peuvent lui servir de commentaires ;* souvent aussi,
les passages relatifs aux miniatures, *si l'on sait les
trouver*, nous révèlent à leur tour la pensée dominante du peintre au moment de son travail ; et, en

se laissant guider par l'analogie, on arrive à l'explication des êtres fantastiques qu'une intention pareille a fait prodiguer sur les modillons des églises. Il n'est pas rare, en effet, de rencontrer dans les livres liturgiques des compositions également bizarres et monstrueuses ; *il suffit d'un mot bien compris*, d'un *rapprochement inattendu* du texte et des figures, pour conduire le lecteur *sur la voie du symbole sculpté*, là où il n'avait cru voir qu'un grotesque insignifiant. »

Cette confrontation de monuments dissemblables est certainement rationnelle. Miniatures, plombs, sculptures, poteries et serrurerie d'une époque se tiennent par les liens de l'ornementation. L'archéologue ne saurait trop étudier d'arts divers pour se meubler l'esprit des formes favorites d'un siècle, et, théoriquement, M. de Bastard fait preuve de sens archéologique ; cependant voyons l'application.

Dans un livre d'Heures du treizième siècle, M. de Bastard est frappé par une miniature qui représente un homme décochant un trait d'arbalète à un limaçon. « On serait assurément tenté, dit-il, de prendre d'abord notre groupe pour quelqu'une de ces créations bizarres qui ne méritent aucune attention sérieuse. »

Pourtant, M. de Bastard n'hésite pas à regarder

le caprice ci-dessous « comme le symbole du martyre et du triomphe de celui qui, le premier, a souffert la mort pour Jésus-Christ et pour l'Évangile. »

Dans la figure d'un homme décochant un trait

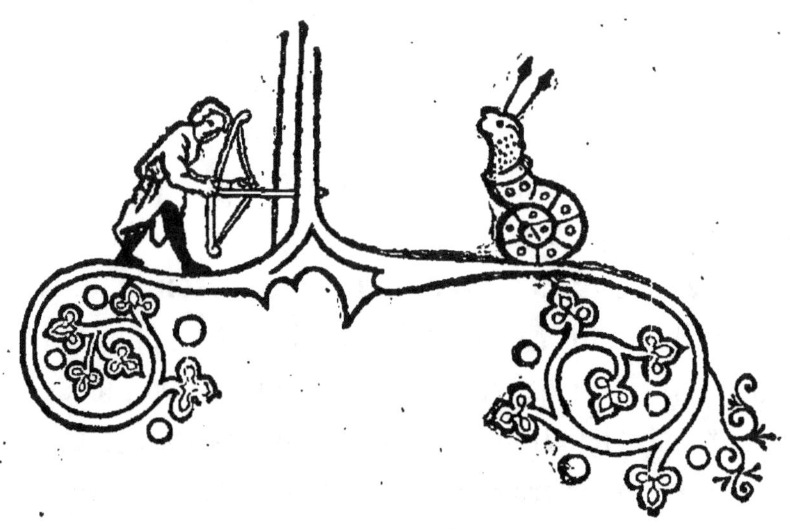

Caprice tiré d'un manuscrit du XIIIᵉ siècle de la Bibliothèque nationale, d'après un dessin de M. de Bastard.

d'arbalète contre un limaçon, M. de Bastard voit une « figure *certainement relative à la résurrection.* »

Tout d'abord le « rapprochement » de l'érudit me parut non-seulement « inattendu, » mais bizarre, et je cherchai longuement dans les miniatures ce que le partisan du symbolisme affirmait qu'on devait trouver.

En effet, le petit tireur d'arc se retrouve à diverses reprises dans les entourages des manuscrits à miniatures : j'en compte dans un manuscrit de la Bibliothèque, l'*Histoire de Saint-Graal*, cinq ou six répétitions qui semblent de purs caprices, des souvenirs de chasses dans lesquelles un arbalétrier exerce son adresse contre des animaux fantastiques.

*Le débat des gens d'armes et d'vne femme contre vn lymasson,*
d'après le Grand Compost du xv⁰ siècle.

L'affirmation de M. de Bastard n'en était pas moins restée dans mon esprit ; elle aboutissait à une négation latente qui me faisait poser le problème aux divers érudits que je rencontrais. Cette

4.

idée fixe, cette recherche de lumières eurent un résultat précieux. Un ami m'apporta un jour un *Grand Compost* du quinzième siècle, orné d'une image en bois représentant une troupe de gens armés contre un limaçon, dont la pose était identique à celle de la miniature reproduite par M. de Bastard. Une légende rimée jointe à la vignette ne laissait aucun doute sur ce sujet. La colère du peuple contre le limaçon destructeur des fleurs et des fruits se traduisait par la mort de l'animal.

> Vuide ce lieu, tres orde beste,
> Qui des vignes les bourgeons mange...

S'il faut admettre qu'un miniaturiste a dessiné un limaçon comme symbole du Christ, pourquoi ne pas croire avec Guillaume Durand que : « La *longueur* de l'église est la longanimité qui supporte patiemment l'adversité, en attendant de parvenir à la patrie céleste » ;

Que « la *largeur* est l'amour, la charité agrandissant le cœur, et embrassant les amis et ennemis de Dieu » ;

Que « la *hauteur* est l'espérance du pardon à venir » ;

Que « les *solives*, sous la table du toit, sont les *prélats* qui, par le travail de la prédication, entretiennent la clarté? »

Ces subtilités scolastiques, ces jeux d'imagination des moines, s'expliquent au quinzième siècle; mais les faire entrer dans la discussion en 1860, voilà, malgré la sympathie que je porte aux belles publications de M. de Bastard, des principes symboliques qu'il est difficile d'admettre comme notions architecturales.

Pourquoi ne pas croire également avec Claude Villette, que : « Les vitres des fenêtres des églises sont les escriptures qui reçoivent la clarté du soleil en repoussant vents, neiges, grêles, hérésies et fausses doctrines que le père de division et mensonge forme » ; .

Que « les barreaux de fer et clavettes qui soutiennent les vitres sont les conciles généraux œcuméniques, orthodoxes, qui ont soutenu les Escriptures sainctes et canoniques », etc. ;

Que « les deux colonnes estroites de pierre qui soutiennent et vitres et barreaux, sont les deux préceptes de charité chrestienne : Aimer Dieu et le prochain » ;

Que si « la longueur des fenêtres des églises montre la profondité et obscurité de l'escriture, etc., la rondeur montre que l'Église ne se contredira point [1]? » etc.

_________

[1] Claude Villette, *Raisons de l'Office*. Paris, MDCXI.

Faut-il apprendre aux élèves de l'Ecole des beaux-arts cette signification si particulièrement ingénieuse des vitrés, des barreaux et des clavettes qui les retiennent?

Voici une miniature fort bizarre d'un très-beau livre d'Heures du quinzième siècle. Le sujet en est cru en apparence et frise l'obscénité. Qu'on tourne la page, on voit de pieuses peintures. Combien pourrait-on épiloguer à propos de la diversité de ces sujets?

Ramenons les choses à leur véritable signification. Cette miniature est la symbolisation du froid au mois de février. Un brave bourgeois et sa femme se chauffent au foyer. Rien autre chose. Seulement la pudeur du quinzième siècle n'était pas absolument celle du dix-neuvième.

Il faut citer encore d'autres curieux détails de ce symbolisme effréné.

Sur le jubé de Saint-Fiacre, une église du Morbihan, on voit un bas-relief représentant les entreprises du Renard[1]; du haut d'un donjon il guette les poules et se jette sur elles, quand elles sont à sa portée ; naturellement les poules se défendent de

_______________

[1] Le sculpteur de Saint-Fiacre au Faouet a traduit sur la pierre une variante du *Roman de Renart ;* on en trouvera d'autres reproductions découlant plus directement du poëme dans le chapitre consacré spécialement à Renart.

Miniature d'un livre d'Heures manuscrit
du xv° siècle.

leur mieux contre le renard. Pour conclusion, le goupil, renversé, semble éventré par les poules.

Premier fragment d'un bas-relief du jubé de l'église Saint-Fiacre, au Faouet (Morbihan), d'après un dessin de M. L. Gaucherel.

M. l'abbé Cousseau voit dans ces sculptures la traduction du passage de l'Écriture : « Défiez-vous des faux pasteurs qui sont des loups ravissants revêtus de la peau des brebis. Les brebis, ajoute-t-il, ont plus fait que de se méfier du faux pasteur, elles l'ont démasqué et vaincu[1]. »

Deuxième fragment du même bas-relief.

Une telle interprétation des Écritures offre sans doute un côté ingénieux ; mais l'explication du

[1] *Bulletin monumental*, 1847.

bas-relief de l'église Saint-Fiacre se trouve ailleurs.

Guillaumele Normand relate que le renard a l'habitude de contrefaire le mort pour attirer les poules et s'en emparer plus facilement. L'auteur du *Roman de Renart* a mis de son côté la même action en scène. Cette observation des mœurs des animaux ne vaut-elle pas l'imagination de l'abbé Cousseau, qui voit dans le bas-relief « *le triomphe de la foi sur l'hérésie?* »

Troisième fragment du bas-relief de l'église Saint-Fiacre, au Faouet, d'après M. L. Gaucherel.

# CHAPITRE II



Elle est claire l'influence de Pline et des naturalistes de l'antiquité sur certaines sculptures du moyen âge dont vainement on a cherché le sens ailleurs. Qu'on se rappelle les peuples à têtes de chien, ceux dont le nombril est remplacé par un œil et autres monstruosités auxquelles Pline, trompé par les récits des voyageurs de son temps, accordait gravement croyance. De telles légendes eurent cours en Europe jusqu'au seizième siècle ; les aventuriers qui revenaient de loin, les esprits chimériques, même un Marco Polo, homme de bonne foi, prirent pour des réalités les visions des brumes et, sous le coup des récits des naturalistes de l'antiquité, ravivèrent ces traditions tératologiques en y joignant à l'appui des images bizarres.

Ces étrangetés étaient admises par le peuple; et comme les esprits étaient particulièrement frappés par la pompe des habits sacerdotaux des dignitaires de l'Église, les matelots, gens pieux pour la plupart, se souvenant dans leurs voyages des hommes qui peut-être les avaient bénis, soudaient de religieux souvenirs à ceux de monstres maritimes inconnus.

Les habitants de l'isle de Seilan. Voyage de Marc-Paul, miniature du manuscrit des *Merveilles du Monde* (1356). Bibliothèque nationale.

Au seizième siècle, on croyait au poisson-évêque, c'est-à-dire à un animal marin revêtu des principaux ornements épiscopaux : mitre, camail[1].

[1] On trouve cette figure gravée dans nombre d'ouvrages; ainsi, dans Descerpz, *Recueil de la diversité des habits*, sous la gravure on lit :

La terre n'a evesque seulement<br>
Qui sont par bule en grand honneur et tiltre;<br>
L'evesque croist en mer semblablement<br>
Ne parlant point, combien qu'il porte mitre.

Si la Renaissance accepta de pareils faits, combien les croyances de même nature furent plus développées et plus robustes au moyen âge ! Non-seulement elles avaient cours dans le peuple, mais parmi les hautes classes. Les moines, en appelant les animaux fantastiques à contribuer à l'ornementation des manuscrits, prouvent qu'eux aussi, quoique les plus lettrés de la nation, laissaient volontiers courir leur imagination vers des êtres chimériques auxquels de vives couleurs et une exécution patiente ajoutaient une sorte de caractère de réalité.

On conserve à la bibliothèque de Poitiers un manuscrit où sont représentés des lévriers à tête d'aigle, des chimères mi-scorpion, des sauterelles à tête d'oiseau d'où sortent des défenses de sangliers. L'analogie avec le bestiaire fantastique de l'antiquité est frappante. Dans un autre manuscrit de la bibliothèque du séminaire de la même ville, on voit un loup à cheval sur un coq, poursuivant une grue effarée, qui fait penser à certaines pierres gravées antiques de la décadence[1]. Ces motifs décoratifs, quoique retournés sous toutes leurs faces par les commentateurs, sont restés inexpliqués.

La pénurie intellectuelle de la plupart des artistes

[1] Voy. mon *Histoire de la Caricature antique*, 1 vol. in-18, 2ᵉ édit., Dentu, 1872.

étonne comme l'absolue sincérité chez l'homme. Un penseur veut voir plus de complication dans les arts, de même qu'un être tortueux cherche les motifs cachés dans les actes d'un caractère droit.

Je tiens ces peintures de manuscrits pour de simples caprices se rattachant à de confuses légendes.

L'enfantement de l'art est obscur comme la création. Ce sont d'abord, je l'ai dit déjà, des sortes de larves grouillant sur les sculptures des temps confus qui précèdent le moyen âge, pour être suivies jusqu'à la Renaissance d'un excès de développement hybride et monstrueux. Le rêve alors a plus de part ornementative que la réalité ; les croyances fantastiques, grimpant sur le corps des observations qu'elles étouffent, laissent une impression semblable à celle d'un cauchemar : de l'élément chrétien soudé à l'élément païen s'échappent des courants ennemis qui se combattent et ne peuvent se fondre en un seul. Monstres fantasmagoriques, gnomes et démons rampent au onzième siècle en attendant que, sous le coup d'une révolution artistique, ils se transforment aux siècles qui suivront.

Après les monstres vinrent les animaux imitant certaines actions de l'homme : des truies, des sangliers, des ours, des singes et des ânes jouant de l'orgue, de la vielle, du biniou, de la viole.

Dans ces caprices appliqués au fronton des églises,

le reflet de l'art égyptien et de l'art romain est visible. Sur les papyrus du musée de Turin comme sur les pierres gravées de la décadence romaine, les animaux singent l'homme et se font musiciens.

Ces animaux, introduits dans l'art chrétien, comprennent certains groupes, tels par exemple que le chapiteau de l'église de Meillet, où se voit un lion jouant de la viole, tandis qu'à côté un âne pince de la lyre ; à la même classe appartiennent les sculptures de l'église de Vézelay, le singe jouant du violon en face d'un âne qui tient dans ses pattes un cahier de musique.

Chapiteau de la cathédrale de Magdebourg.

Je donne, d'après Otte[1], une femme nue assise sur un bouc, non loin d'un aigle tenant un hibou dans

[1] *Manuel de l'archéologie et de l'art religieux au moyen âge* 1854, in-8.

5.

ses serres, drame bizarre qui a pour orchestre un singe jouant d'une sorte de vielle.

Les Bibles historiales, les Heures latines manuscrites de nos bibliothèques doivent être consultées à ce sujet ; sur chaque feuillet des animaux de toute espèce, chats, rats, loups, renards, ours, s'ébattent en compagnie de fous, et il n'est pas rare de trouver un *De profundis* ou un *Miserere* encadré entre des singes et des figures grotesques.

Dans la même série peuvent être classés la truie qui joue de la vielle, de l'église Saint-Sauveur à Nevers ; la truie qui file, représentée sur un chapiteau de l'église de Chalignac (Charente) ; le porc qui joue du biniou, sur le portail de l'église de Ploërmel ; les cochons ou boucs tenant un violon, comme il s'en rencontre à la cathédrale de Rouen et à l'église d'Aulnay (Charente-Inférieure) ; le sanglier touchant de l'orgue, tandis que son compère, de la même famille, fait mouvoir les soufflets. On joindrait à ces représentations le chien qui pince de la harpe de la cathédrale de Poitiers, l'ours jouant de la viole du même monument, le singe qui, sans pincer les lèvres, sonne de la trompette, de la chapelle du château d'Amboise[1], et enfin les nombreux ânes

---

[1] « Au-dessus de l'autel de la chapelle du château d'Amboise, un singe embouche la trompette, et nous ne sommes pas assez hardi pour dire de quelle manière ce sale musicien tire les sons de son

qui s'accompagnent de la harpe ou de la lyre, sculptés sur tant d'édifices religieux.

Un archéologue distingué disait à propos de semblables figures : « Certains ménages de basse-cour offrent l'image de la plus édifiante harmonie ; tandis que la truie file en allaitant ses petits, le porc touche de l'orgue pour récréer son intéressante famille. Il n'est pas rare non plus de rencontrer des ours danseurs, des singes joueurs d'instruments, des guenons travaillant avec la quenouille ou le fuseau. Quand on cherche le sens de toutes ces figures bizarres, on éprouve souvent un embarras extrême à faire la part du caprice et de la fantaisie, à réserver celles qui appartiennent au symbolisme sérieux, à la satire ou à la caricature[1]. »

De symbolisme sérieux il ne saurait être question. Ce qui touche à la satire ou à la caricature proprement dite, dans ces représentations, me paraît également problématique. Ces sculptures étant de la même époque que celles dirigées contre les moines, qui eût empêché les imagiers de préciser par un détail que ces animaux personnifiaient des

---

instrument. » (Gustave Brunet, *Sculptures des monuments religieux du département de la Gironde.*)

[1] Baron de Guilhermy, *Iconographie des Fabliaux.* (*Annales archéologiques*, t. VI, 1847.)

gens d'Église ? Les tailleurs de pierre ne se gênaient pas quand ils voulaient l'affirmer[1]. J'incline à voir dans de semblables sculptures d'innocentes parodies des musiciens de profession, bohêmes vivant au jour le jour, de mœurs peu recommandables, dissipant au cabaret le peu qu'ils gagnaient.

Qui ne sait combien est contagieuse l'imitation dans les arts ? Le premier sculpteur qui s'imagina

Sculpture en bois
d'une maison à Malestroit (Bretagne).

de représenter un joueur de viole en porc, un souffleur de biniou en chien ou en âne, fit rire, par cette

[1] « L'âne s'est fait musicien, maître d'école, même ecclésiastique ; il a pris quelquefois une tête de moine en gardant ses grandes oreilles, » dit encore M. de Guilhermy.

comique interprétation, le peuple du moyen âge, facile à amuser. D'autres imagiers s'emparèrent de cette idée, la propagèrent, et les animaux musiciens furent répétés à l'infini sur les murs des cathédrales. Aussi, à propos des singes, des ânes et des porcs parodiant des musiciens, ne saurais-je voir avec quelques archéologues « un des symboles de l'orgueil qui porte l'homme à s'élever au-dessus de la position dans laquelle la Providence l'a placé. »

L'âne mérite toutefois une mention spéciale. Avec le bœuf il fait partie de la symbolique dans quelques monuments. C'est en mémoire de ses services qu'il est sculpté sur un des piliers de la nef de Saint-Germain, à Argentan : l'animal patient et laborieux a transporté des pierres et des fardeaux pour la construction de l'église.

L'âne est particulièrement biblique. Au jour des Rameaux, Jésus monte une ânesse, suivant la prédiction de Zacharie : « Dites à la fille de Sion : Voici votre roi qui vient à vous plein de douceur, monté sur une ânesse et sur l'ânon de celle qui est sous le joug. »

Ces souvenirs expliquent pourquoi de tous les animaux musiciens l'âne est celui que l'on rencontre le plus fréquemment sur les monuments religieux, jouant de la vielle, de la harpe ou de la lyre, ce qui l'a fait appeler : *l'âne qui vielle*, ou *l'âne qui lyre* ou *l'âne harpant* [1].

De l'antiquité à la Renaissance, l'âne occupa les imagiers ; mais ce fut au treizième siècle plus particulièrement que l'animal joua un rôle important, étant mêlé, en qualité d'acteur principal, à la fête qui portait son nom.

Ce jour-là, revêtu d'une chape, l'âne officiait dans l'église à la place du prêtre, pour le plus grand amusement de la foule. Sous le museau on lui brûlait des vieilles savates en guise d'encens. C'était une joie grosse et grossière, dont ne peuvent avoir idée ceux qui n'ont pas été entraînés dans les rondes des filles et des matelots de la kermesse de Rotterdam. Il s'échappe alors, de telles manifestations populaires, quelque chose d'énorme et de dangereux pour les gens des villes accoutumés à des spectacles plus policés. Une caresse de femme semble un coup de poing, un baiser une morsure. L'ivresse est lourde, enflammée, menaçante. Les danseurs s'élancent les uns vers les autres comme des trombes.

---

[1] L'âne qui vielle se voit à Notre-Dame de Tournay ; l'âne qui pince de la harpe à l'église Saint-Agnan, près Cosné-sur-Loire ; même sujet à la crypte de Saint-Pariz-le-Châtel, du diocèse de Nevers ; l'âne qui joue de la lyre, à Notre-Dame de Chartres ; également sur un bas-relief de la salle capitulaire de Saint-Georges de Bocherville (près Rouen), construite au douzième siècle. De nombreux exemples pourraient être ajoutés à cette nomenclature.

Je me trompe fort si la gaieté du moyen âge n'offre pas quelques analogies avec ces violentes expansions hollandaises, aux grandes fêtes populaires de l'année.

L'âne étant de nature rustaude nécessitait des divertissements grossiers : du boudin pour mets, de vieilles chaussures pour encens, quelque terrible eau-de-vie pour rafraîchissement de ses adorateurs. C'est de la sorte que longtemps le peuple s'est amusé.

Ici, loin de manquer, les documents sont peut-être trop nombreux, les écrivains sacrés et laïques ayant tiré, chacun de leur côté, cette chape symbolique qui, suivant les uns, profane l'Église, et, selon les autres, la condamne.

Les écrivains qui ont des attaches étroites avec le clergé disent : « Il serait bien téméraire de supposer que les saints prélats qui ont gouverné l'Église avec tant de sagesse pendant le moyen âge, aient prêté leur concours à l'introduction de bouffonneries et d'absurdités telles que les ennemis de la religion n'en auraient pu imaginer de plus inconvenantes et de plus burlesques[1]. »

Je ne prétends pas que l'Église régla au début ces fêtes avec le caractère licencieux qu'elles offrirent

---

[1] Clément, *le Drame liturgique.* (*Annales archéologiques*, 1856.)

plus tard. Il est presque certain que l'Église laissa faire et usa de tolérance ; mais je ne partage pas non plus la joie des voltairiens quand même qui, à propos de l'introduction de l'âne dans les églises, veulent que cette parodie du culte annonce la révolte du peuple contre le clergé.

Ces deux opinions offrent un écart tel qu'il convient de remonter aux premiers siècles et d'étudier par quel enchaînement de coutumes l'Église toléra la fête de l'âne sous ses voûtes sacrées.

# CHAPITRE II

On conserve, à la bibliothèque de Sens, un manuscrit de Pierre de Corbeil, renfermant la *prose de l'âne*, telle qu'elle se chantait dans les églises au treizième siècle.

Ce texte, les symbolisateurs en ont donné des interprétations si particulières, qu'on ne saurait se lasser de le remettre sous les yeux de ceux qui cherchent la vérité historique.

L'officiant débitait les quatre premiers vers·

> Orientis partibus,
> Adventavit asinus,
> Pulcher et fortissimus,
> Sarcinis aptissimus.

Le chœur répondait :

> Hez, sir asne, hez.

Hic, in collibus Sichem
Enutritus sub Ruben,
Transiit per Jordanem,
Saliit in Bethleem.

Hez, sir asne, hez.

Saltu vincit hinnulos,
Dagmas et capreolos,
Super dromedarios
Velox madianeos.

Hez, sir asne, hez.

Aurum de Arabià
Thus et myrrham de Sabà,
Tulit in Ecclesià
Virtus asinaria.

Hez, sir asne, hez.

Dum trahit vehicula,
Multà cum sarcinulà,
Illius mandibula
Dura terit pabula.

Hez, sir asne, hez.

Cum aristis hordeum
Comedit et carduum;
Triticum a paleà
Segregat in areà.

Hez, sir asne, hez.

Amen dicas, asine,
Jam satur ex gramine.
Amen, amen itera;
Aspernare vetera.

Hez, sir asne, hez.

Une telle litanie, si excessive et si pompeuse en
l'honneur de l'âne, offre quelque chose de burles-

que, et le refrain : *Hez! sir asne, hez!* répété entre chaque couplet par des milliers d'assistants, indique suffisamment que le peuple poussait l'âne à faire retentir les voûtes sacrées de ses braiments.

Il s'est pourtant trouvé un archéologue, M. Clément, qui a vu dans cet âne le *symbole de Jésus-Christ.* Un âne a-t-il droit à tant de pompeuses images? Peut-il être appelé beau et plein de courage (*pulcher* et *fortissimus*), la meilleure bête de somme (*sarcinis aptissimus*), dont les bonds surpassent ceux des chevreaux (*saltu vincit capreolos*)[1]?

Le premier vers d'abord a attiré l'attention du symbolisateur : *Orientis partibus.* « C'est de l'Orient que nous vient là lumière, dit l'archéologue que je cite mot à mot : l'Orient est le berceau de l'humanité; c'est aussi de l'Orient que sont venus les mages avec les présents dont l'âne était chargé; c'est du côté de l'Orient que parut l'étoile qui les guida. Saint Bernard, dans le *Patrem parit filia,* autre pièce du même manuscrit, appelle Jésus-Christ *Oriens in vespere.* »

La liturgie et le prophète Zacharie viennent également au secours de M. Clément, qui ne s'arrête pas en si beau chemin. « *Adventavit* vient d'*adventus,* mot qui s'applique au temps qui précède l'avé-

---

[1] **F.** Clément, *l'Ane au moyen âge.* (*Annales archéologiques* de Didron, vol. XV et XVI.)

nement du Sauveur. *Asinus* ne peut être ici pris qu'en bonne part. La suite de la prose prouvera avec évidence que cet *âne est le symbole de Jésus-Christ.* »

On doit à M. Félix Clément de curieux travaux sur la musique ancienne, et je n'oublie pas qu'il faut compter avec l'érudit qui a publié un *Choix des principales séquences du moyen âge tirées des manuscrits.* Dans ce choix, au numéro 4, est gravée la séquence qui fait partie de l'Office de la Circoncision composé par Pierre de Corbeil, et qu'on appelle vulgairement *Prose de l'âne.* La mélodie de l'*Orientis partibus* quoiqu'elle soit grave, carrée et pompeuse comme la plupart des séquences de l'époque, ne change rien à mon sentiment. Jusqu'à la fin du dix-septième siècle, même les mélodies des chansons à boire sont solennelles. Tout ivrogne convoite les « présents de Bacchus » sur le ton d'un chantre de cathédrale.

Les gens qui entonnaient la prose de l'âne parodiaient les litanies saintes sur un air grave. Il n'en existait pas d'autres, d'ailleurs, et les compositeurs ne se doutaient pas des rhythmes sautillants et spirituels de nos futurs opéras-comiques ; mais le principal argument dans cette question vient d'une note manuscrite écrite par Sainte-Beuve sur son exemplaire des *Séquences*, que j'ai sous les yeux.

Sur le titre du livre le judicieux critique a écrit au crayon : « Toute musique n'est pas propre à louer Dieu et à être entendue dans le sanctuaire. » (Lá Bruyère, chap. des *Esprits forts.*) Sainte-Beuve jugeait donc trop profane la prose de l'âne chantée dans les églises.

D'après Pierre Louvet, auteur de l'*Histoire du diocèse de Beauvais* (1635), les chanoines se rendaient au-devant de l'Ane recouvert de la chape ecclésias-

Frise archivolte
de l'église Saint-Pierre d'Aulnay (xii<sup>e</sup> siècle).

tique, à la grande porte de l'église, bouteille et verre en main, *tenentes singuli urnas vini plenas cum scyfis vitreis*. Les encensements se faisaient avec du boudin et des saucisses : *Hâc die incensabitur cum boudino et saucitâ.*

6.

Demander quel symbole cache cette charcuterie semble du domaine du *Tintamarre;* mais les symbolisateurs ne perdent jamais leur gravité doctorale. « Quoique, continue M. Clément, il ne soit pas nécessaire de faire un grand effort d'imagination pour appliquer au Sauveur le vers de cette première strophe, toutefois nous ne serions pas éloigné de proposer une seconde interprétation. »

Voyons la seconde interprétation : « Nous pourrions voir dans cet âne qui vient de l'Orient, plein de force et de bravoure, le type de la nation juive, dépositaire de la foi au vrai Dieu. »

M. Mérimée, à qui on en faisait accroire difficilement en matière archéologique, étudiant les caprices prétendus symboliques du moyen âge, parle de « la *bonhomie innocente* des sculpteurs du douzième et du treizième siècle, qui n'entendaient pas malice quand ils représentaient un péché *tout crument, comme il se fait* [1]. »

La fête de l'âne peut être expliquée aussi simplement. Comme dans l'antiquité, l'Église accordait un jour de saturnales aux fidèles et ne croyait pas le temple déshonoré par l'âne qui parodiait le prêtre [2]. Il faut songer à la grossièreté de la joie à cette

---

[1] *Notes d'un voyage dans le Midi de la France.* Paris, Fournier, 1835, in-8.

[2] Voy. dans *le Bibliophile français,* de juillet 1869, un article sur le *Dyptique de Sens,* de M. Cocheris qui, avec Duchalais et

époque, et non pas raisonner avec la pruderie et la délicatesse que nous ont données sept ou huit siècles de civilisation.

Celui qui veut se rendre compte de l'état des esprits au moyen âge devra se faire peuple, mettre son âme d'accord avec l'âme de ces siècles barbares, courber la tête, se faire petit avec les petits, simple avec les simples, croire avec le clergé d'alors qu'il n'y avait pas danger à ces divertissements, rire des symbolisateurs d'aujourd'hui et ne pas s'enfoncer avec eux dans les ténèbres du *Psalterium glossatum*[1].

Les paysans sont moins crédules et surtout plus gausseurs que certains archéologues ; si le symbolisme a pénétré chez eux sous forme de catéchisme, ils en tirent une singulière interprétation. M. Jérôme Bugeau, dans son beau livre des *Chansons populaires des provinces de l'Ouest*[2], a recueilli de la bou-

Bourquelot, partage la même opinion. « Les évêques, dit également M. Viollet-le-Duc, aimaient mieux ouvrir de vastes édifices à la foule, sauf à lui permettre parfois des saturnales, plutôt que de laisser bouillonner au dehors les idées populaires. »

[1] « La hauteur d'une cathédrale est l'espérance ; sa largeur est la charité ; sa longueur est la persévérance. Les fenêtres d'une cathédrale sont les paroles des saints ; les piliers sont les vertus spirituelles ; les colonnes sont les bons évêques et les prêtres ; le toit est la figure d'un intendant fidèle, » etc. Traduction d'un texte latin du dixième ou onzième siècle, inscrit sur une feuille volante en tête du *Psalterium glossatum*, manuscrit de la bibliothèque de Boulogne-sur-Mer.

[2] Niort, 1866, 2 vol. grand in-8.

che même des petits enfants de l'Angoumois les de-
mandes et les réponses suivantes :

*Le prêtre.* — Que signifient les deux oreilles de
l'âne ?

*L'enfant.* — Les deux oreilles de l'âne signifient
les deux grands saints patrons de notre ville.

*Le prêtre.* — Que signifie la tête de l'âne ?

*L'enfant.* — La tête de l'âne signifie la grosse cloche, et la longe fait le battant de cette grosse cloche
qui est dans le clocher de la cathédrale des saints
patrons de notre ville.

*Le prêtre.* — Que signifie la gueule de l'âne?

*L'enfant.* — La gueule de l'âne signifie la grande
porte de la cathédrale des saints patrons de notre
ville.

*Le prêtre.* — Que signifie le corps de l'âne ?

*L'enfant.* — Le corps de l'âne signifie tout le bâ
timent de la cathédrale des saints patrons de notre
ville.

*Le prêtre.* — Que signifient les quatre pattes de
l'âne ?

*L'enfant.* — Les quatre pattes de l'âne signifient
les quatre grands piliers de la cathédrale des saints
patrons de notre ville.

*Le prêtre.* — Que signifient le cœur et la pire de
l'âne ?

*L'enfant.* — La pire et le cœur de l'âne signifient

les grandes lampes qui sont au mitant de la cathédrale des saints patrons de notre ville.

*Le prêtre.* — Que signifie la panse de l'âne?

*L'enfant.* — La panse de l'âne signifie le grand tronc où les chrétiens vont mettre leurs offrandes aux saints patrons de notre cathédrale.

*Le prêtre.* — Que signifie la peau de l'âne?

*L'enfant.* — La peau de l'âne signifie la grande chape du bon curé de la cathédrale des saints patrons de notre ville.

*Le prêtre.* — Que signifie la queue de l'âne?

*L'enfant.* — La queue de l'âne signifie le goupillon du bon curé de la cathédrale des saints patrons de notre ville.

. . . . . . . . . . . . . . . . . .

. . . . . . . . . . . . . . . .

. . . . . . . . . . . . . . . . .

Il serait peut-être prudent de s'arrêter ici. La dernière question, qui découle logiquement de la précédente, est si gauloise, que je suis obligé d'en laisser la responsabilité aux petits enfants de l'Angoumois.

*Le prêtre.* Que signifie le tr.. du c.. de l'âne?

*L'enfant.* — Le tr.. du c.. de l'âne, monsieur, signifie le beau bénitier de la cathédrale des saints patrons de notre ville. Amen.

La réponse de l'enfant, qui ne se pique pas de

science archéologique, vaut bien ce symbolisme qui se dit religieux et paraît plutôt soufflé par le diable pour remplir les esprits de trouble et de confusion.

D'après une miniature des Tragédies de Senèque
(fin du xiii° siècle).

# CHAPITRE IV



DANSES DANS LES ÉGLISES ET LES COUVENTS

De singulières réjouissances eurent lieu dans les cathédrales et les couvents, à propos des grandes fêtes de l'Église, pendant le moyen âge et la Renaissance. A Pâques, et à Noël surtout, ce n'était pas seulement le bas clergé qui prenait part aux chants et aux danses, mais les grands dignitaires de l'Église. Dans les cloîtres, les moines dansaient avec les nonnes des couvents voisins ; certains prélats vinrent chercher les religieuses pour se mêler à leur joie. La chronique de la ville d'Erfurth cite même un évêque qui se laissa entraîner à de tels excès de danse qu'il en mourut d'apoplexie.

Il y aurait là beau jeu pour les adversaires de l'Église, qui, s'emparant de ces détails, en augmen-

teraient les conséquences, car quelques scandales
résultèrent naturellement de ces danses.

Si, par exemple, je détache d'une Bible historiale
du quatorzième siècle la miniature ci-contre, qui
représente un intérieur de cuisine de couvent, où
des moines font ripaille en compagnie de filles de
bonne humeur, il est certain qu'une telle preuve,
souvent répétée dans les peintures des manuscrits
de l'époque, peut sembler accablante contre des
religieux trop gaillards ; mais il faut prendre garde
que souvent de tels sujets ont été introduits dans
les Bibles autant comme *conseils* que comme représentations de scènes scandaleuses. Les légendes
inscrites sous ces miniatures avertissent les religieux qu'ils aient à se défendre de la bonne chère
ainsi que de la chair fraîche. Sans doute des dés-
ordres éclatèrent parfois dans l'intérieur des couvents ; mais l'historien, il ne faut pas se lasser de le
répéter, doit faire abstraction du présent et regarder
le passé dans son ensemble de mœurs et de coutumes.

Les danses dans les églises, à l'époque des grandes
fêtes, étaient regardées comme faisant partie des
pompes rehaussant le service divin.

Aux premiers siècles de l'ère chrétienne, la danse
offrit une forme à la fois artistique et pieuse qui
primait la peinture et la musique. Le roi David dan-

Miniature d'une Bible moralisée (n° 166)
de la Bibliothèque nationale.

sait devant l'Arche sainte, et le sermon ccv, attribué à saint Augustin, démontre que les premiers chrétiens suivirent son exemple : « Erat gentilium ritus inter christianos retentus, ut diebus festis ballationes, id est cantilenas et saltationes exercerent... quia ista ballandi consuetudo de paganorum observatione remansit. »

Toutefois ces danses furent condamnées au septième siècle dans un concile assemblé par Clovis II, à Châlon-sur-Saône; il fut défendu aux femmes de se divertir, les jours de fête, dans l'enceinte des églises, et d'y chanter des chansons licencieuses. Il y avait abus ; ce qui était sacré se tournait en profane excessif ; le peuple et même les gens d'Église dépassaient les bornes. Aussi, à diverses reprises, des bulles et des décrets canoniques interdirent de pareilles réjouissances, et Grégoire de Tours s'éleva contre les mascarades qu'on représentait dans l'intérieur d'un couvent de Poitiers.

Il est vrai qu'à ces danses se rattachèrent bientôt les fêtes des Fous, des Innocents, de l'Ane, animal que les sculpteurs semblent avoir pris pour type de l'art musical par excellence. (Voyez la figure de la page 77.)

Le peuple, peu à peu, prenait pied et mélangeait à l'élément sacré ses grossièretés particulières.

En 1212, le concile de Paris fait défense aux nonnes de célébrer la fête des Fous : « A festis follorum ubi baculus accipitur omnino abstineatur, idem fortiùs monachis et monialibus prohibimus. »

La civilisation, se débarrassant des voiles de l'antiquité, n'admettait plus de tels ressouvenirs des lupercales et des bacchanales sacrées.

L'archevêque Odon, qui visitait les couvents du diocèse de Rouen, en 1245, y apprit que les religieuses se livraient à des plaisirs indécents pendant les grandes fêtes (Ejusmodi lasciviis operam dedisse). « Nous vous défendons, dit l'archevêque, ces amusements dont vous avez l'habitude (ludibria consueta); » le prélat leur interdit également de danser entre elles ou avec des séculiers (aut inter vos, seu cum secularibus choreas ducendo).

Les religieuses se permettaient, paraît-il, dans ces fêtes, des chansons un peu gaies (nimiâ jocositate et scurrilibus cantibus utebantur, utpotè farsis, conductis, motulis, etc.).

Le trait d'union entre les cérémonies sacrées et celles qu'imaginèrent les laïques est connu. Voici ce qu'on chantait en dansant, le jour de Pâques, dans le diocèse de Besançon :

Si si la sol la ut ut ut ut si la si
Fidelium sonet vox sobria;
Si si la sol la ut ut ut ut si la si
Convertere Sion in gaudia.
Si si la sol la ut ut ut ut si la si

Chapiteau du portail de l'église
de Meillet (XII° siècle).

Sit omnium una lætitia,
Ut re re sol la ut si la sol fa sol
Quos unica redemit gratia.

Il en était de même, en 1291, à Amiens, où un *Kyrie* farci, un *Gloria in excelsis*, composés de latin et de langue vulgaire, mettaient en belle humeur les assistants.

A Laon, de 1284 à 1559, on célébrait des fêtes des Innocents, qui offraient plus d'un rapport avec celles des Fous ; mais le chapitre, au seizième siècle, « défend absolument de rien faire dans ces fêtes qui soit contraire à la religion, au roi et à l'État. »

Charles VII promulgua, en 1430, des lettres royales à propos des gens d'Église de la cathédrale de Troyes, qui se « réunissoient pour faire la feste aux folx avec granz excez, mocqueries, spectacles, desguisemens, farces, rigmeries (chansons profanes) et autres folies, par irreverence et derision de Dieu.... ou tres grant vitupere et diffame de tout l'estat ecclesiastique, » etc.

Un texte latin de 1497 montre que le chapitre de Senlis permettait « au Roi des vicaires et à ses compagnons de faire leurs divertissements la veille de l'Épiphanie, pourvu qu'on ne chantât point d'infâmes chansons, qu'on ne dît pas de paroles injurieuses ou impudiques, qu'on ne fît pas de danses obscènes devant le grand portail, toutes choses qui avaient eu lieu à la dernière fête des Innocents. »

Au quinzième siècle, les esprits sensés se scandalisèrent de pareils usages.

La Faculté de théologie de Paris lançait, en 1414, un décret condamnant ces fêtes qui, suivant les expressions du théologal Jean Deslyons, sont « la chose la plus étrange et la plus incroyable de notre histoire ecclésiastique [1]. »

Le fameux prédicateur Michel Menot blâmait les prêtres de danser publiquement avec des femmes, le jour même où ils disaient leur première messe [2].

Un autre prédicateur, contemporain de Menot, Guillaume Pepin, parle également, sans trop s'en offusquer, de prêtres qui entraient en danse après avoir dépouillé leur soutane.

---

[1] L'ampleur et la sévérité de la langue latine rendent mieux ces excommunications théologiques : « Decretum theologorum parisiensium ad detestandum, contemnendum et omninò abolendum quemdam superstitiosum et scandalosum ritum quem quidam festum fatuorum vocant, qui à ritu paganorum et infidelium idolatriâ initium et originem sumpsit... Tales paganorum reliquiæ cessarunt... Solo verò sparcissimi Jani nefaria traditio hùc usquè perseverat... Similia ludibria in capite januarii faciebant (pagani et gentiles) in honorem Jani. »

[2] *Perpulcra epistolarum quadragesimalium expositio.* — Paris, 1517.

Ce qui est plus grave, c'est la peinture qu'il fait de moines qui vont dans les couvents de religieuses pour y danser nuit et jour, avec les conséquences qui s'ensuivaient : « Solent multi clerici etiam religiosi non reformati ingredi monasteria monialium non reformatarum et cum eis choreas etiam insolentissimas ducere et hoc tam de die quam de nocte, taceo de reliquo, ne forsan offendam pias aures[1]. »

Cependant tous les divertissements dans les églises n'offraient pas de pareils scandales, et le seizième siècle déjà plus policé laissa faire et subventionna même ces fêtes profanes, devenues plus décentes.

En 1533, le chapitre de la cathédrale d'Amiens accorde soixante sous aux grands et petits vicaires pour les célébrer. En 1525, le 12 décembre, le même chapitre permet aux vicaires de célébrer la Circoncision, à condition de ne pas dépendre les cloches, de s'abstenir d'insolences, de moqueries, et de payer eux-mêmes les frais du repas. Quelques années plus tard pourtant, le 9 avril 1538, à la fête de Pâques, le chapitre défend aux vicaires et aux chapelains de se livrer à ces divertissements.

Jadis les chanoines et chapelains sautaient en-

_Sermones quadraginta de Destructione Ninivæ._ — Paris, 1525.

semble en rond dans les cloîtres et les églises quand le mauvais temps les empêchait de danser sur le gazon, « ce qui ne pouvait manquer, dit l'auteur d'un mémoire publié dans *le Mercure de France* (septembre 1742), de donner aux assistants un spectacle des plus plaisants et des plus risibles [1]. »

La plupart de ces détails [2] pourraient être augmentés considérablement. Ils suffisent pour montrer comment ces fêtes, issues du paganisme, s'étaient glissées dans le sein de l'Église et comment le peuple se les appropria.

L'Église a toujours témoigné de l'indulgence pour certains usages et certaines traditions. Les vieillards d'aujourd'hui se rappelleront la gaieté des messes de minuit, que les farceurs de province attendaient impatiemment pour semer de pois fulminants la

---

[1] L'auteur de ce mémoire, qu'on croit être l'abbé Bullet, chanoine de Besançon, trouve cependant que les anciens Rituels permettent ces divertissements. On lit, en effet, dans le Rituel de 1581, au jour de Pâques : « Finito prandio, post sermonem, finitâ nonâ, fiunt choræ in claustro, vel in medio navis ecclesiæ, si tempus fuerit pluviosum, cantando aliqua carmina ut in Processionariis continetur. Finitâ choreâ..., fit collatio in capitulo cum vino rubreo et claro, et panibus vulgò nominatis *des Carpendus.* »

[2] Voir les excellentes dissertations de Leber et Rigollot. Je les ai résumées de mon mieux ; mais il faut lire toutes les preuves amassées par ces deux archéologues sans parti pris, pour avoir la certitude que ces fêtes, tantôt tolérées, tantôt défendues par l'Église, se rattachaient inconsciemment à des traditions païennes bien plus qu'au symbolisme chrétien

nef des églises, barricader les bas-côtés avec des montagnes de chaises, remplir les bénitiers d'encre et embrasser de force, dans les coins obscurs, les filles qui ne s'y prêtaient pas de bonne volonté.

Il existe, à mon sens, une certaine relation entre les plaisanteries de nos pères et les fêtes des Fous de nos arrière-aïeux. Vouloir en tirer des armes contre le culte me paraît aussi inutile que d'en chercher le symbolisme confus.

Cette fête des Fous était un usage. Nous-mêmes à quelles singulières traditions n'obéissons-nous pas ! Quelles modes étranges nous défigurent jusqu'au jour où les vieux usages et les vieux habits sont mis au rebut ! Et si on m'accusait de procéder par analogie, de regarder le passé avec les lunettes du présent, de vouloir que ce qui est soit la preuve de ce qui fut, des intelligences distinguées viendraient à mon aide.

Des hommes à qui on ne saurait reprocher de s'être jetés dans des discussions aventureuses, se sont préoccupés de ces questions et ont voulu y porter la clarté de leurs déductions. Je prends pour second dans cette bataille où déjà tant d'encre a coulé, un historien plein de mesure et qui ne marche dans les sentiers historiques qu'à pas prudents. M. Villemain, montrant comment de l'Occident vinrent les fêtes licencieuses des églises à de certains jours, me paraît avoir trouvé le vrai mot pour qualifier la Fête de l'âne et la Procession du renard ; il les appelle « des folies grossières devenues la *petite pièce* du culte religieux. »

Chapiteau de la nef
de Saint-Hilaire de Melle (Poitou).

# CHAPITRE V



Il n'existe pas depuis le commencement du monde de création symbolique qui ait autant frappé l'esprit des hommes que le diable. L'idée d'un Dieu bienfaisant ne pouvait suffire à les diriger ; il fallut son envers. Ainsi, à côté du Dieu bon et rayonnant, fut créé un être pervers et dissolvant, qui en devint l'antithèse.

Les premiers rayons du jour ne nous rempliraient pas d'un ineffable contentement sans la fuite de la nuit. Aussitôt que l'idée de Dieu pénétra dans les esprits, l'idée du diable se présenta immédiatement, et ce n'est pas blasphémer de dire que Dieu sans le diable ne pourrait exister. Ce fut une négation que le diable, une de ces négations aussi essentielles que le vice opposé à la vertu, la couleur noire à la blanche ; aussi le noir fut-il chez presque tous les peuples la livrée de cette négation. Dans la plupart des textes anciens Satan est appelé : *Éthiopien, noir, enfumé, ténébreux*[1].

L'histoire des religions comparées prouve que, s'il n'y a pas de peuples sans dieux, il en est peu sans diables. C'est pourquoi, dans la représentation du génie du mal, les peuples primitifs, les civilisations en enfance dépensèrent une imagination singulière.

Le diable affecta mille variations étranges, quand le dieu offrait un type harmonique et régulier.

Bas-relief de l'hôtel de ville de Saint-Quentin.

« Satan est le singe de Dieu, » dit Tertullien. Un sombre empereur était appelé à régner sur les

[1] Dans la Perse ancienne, deux génies, Ormuzd et Ahriman, se disputent l'empire du monde. Ormuzd, le bon génie, est lumineux

vices, comme une figure douce et immatérielle devait protéger la vertu. Le diable fut l'inquisiteur chargé de châtier par le feu les pensées coupables, les actes répréhensibles, les crimes, toutes les passions mauvaises qui s'agitent dans le cœur de l'homme.

Pour rendre saisissante la représentation de ce mauvais génie, on en fit d'abord un composé d'homme et d'animal auquel les mythologies anciennes fournirent le poil, les cornes, les pattes, les griffes. Tout ce qui rappelait extérieurement des souvenirs bestiaux : le serpent, le renard, le chien, le chat, le porc, le singe, le bouc, concourut à la forme extérieure du « malin; » de telle sorte qu'à la vue d'animaux vils ou malicieux, le peuple, jusqu'au seizième siècle, tremblait de voir un diable caché sous leur pelage.

Les anciens poëtes ne parlent qu'avec terreur de ces légions de démons évoquant toutes les formes :

> Diables d'enfer horribles et cornus,
> Gros et menus, aux regards basiliques,
> Infâmes chiens, qu'êtes-vous devenus?
> Saillez tout nus, vieux, jeuñes et charnus,
> Bossus, tortus, serpens diaboliques,
> Aspidiques, etc., etc. . . . . .  .

et blanc. Ahriman, le mauvais génie, est noir et sombre; de même le moyen âge représenta le diable sombre et noir en opposition avec les anges blancs et illuminés.

Des Bestiaires rimés, du treizième siècle, montrent l'assimilation du diable et du renard :

Cils goupils (renard) ki tant fet de mal

Cest li moutes (le mauvais, le diable) ki nous guerroie.

Guillaume Le Normand, dans son *Bestiaire*, dit du singe :

. . . . . Ceste bieste
Au dyable aflert et ressanle (ressemble).

Les érudits ont cherché avec beaucoup d'attention le premier monument qui, en France, représente le diable ; ils ne l'ont guère trouvé avant le onzième siècle. Et qui était mieux à même d'élucider ce sujet obscur, que l'artiste qui, par ses études, aurait pu donner le pendant qui manque à l'*Iconographie de Dieu*?

En quelques pages de son *Dictionnaire d'architecture*, M. Viollet-le-Duc a esquissé une monographie du diable, dont il retrace les principaux caractères à diverses époques : « Dans les premiers monuments du moyen âge, dit-il, on ne trouve pas de représentation du diable, et nous ne saurions dire à quelle époque précise les sculpteurs ou peintres ont commencé à figurer le démon dans les bas-reliefs ou peintures... Dans la sculpture du onzième siècle, en France, le diable commence à jouer un rôle important : il apparaît sur les chapiteaux, sur les tympans ; il se trouve mêlé à toutes les scènes de l'Ancien et du Nouveau Testament, ainsi qu'à toutes les légendes de saints. Alors l'imagination des artistes s'est plu à lui donner les figures les plus étranges et les plus hideuses : tantôt il se présente sous la forme d'un homme monstrueux, souvent pourvu d'ailes et de queue... Pendant la période romane, le diable est un être que les peintres ou sculpteurs s'efforcent de rendre terrible, effrayant ; qui joue le rôle d'une puissance avec laquelle il n'est pas permis de prendre des libertés.

« Chez les sculpteurs occidentaux du treizième siècle, presque tous avancés comme artistes, l'esprit gaulois commence à percer. Le diable prend un caractère moins terrible ; il est souvent ridicule, son caractère est plus dépravé qu'effrayant, sa physionomie plus ironique que sauvage ou cruelle ; parfois il triche, souvent il est dupé. Vers la fin du moyen âge le diable a vieilli ; il ne fait plus ses affaires... Le grand diable sculpté sur le tympan de la porte de la cathédrale d'Autun, au douzième siècle, est un être effrayant bien fait pour épouvanter des imaginations naïves ; mais les diablotins sculptés sur les bas-reliefs du quinzième siècle sont plus comiques que terribles, et il est évident que les artistes qui les façonnaient se souciaient assez peu des méchants tours de l'esprit du mal. »

Il en était de même au théâtre, où le diable était passé à l'état de bouffon. Dans la *Farce de l'Antechrist et des trois femmes*, le diable, pour avoir pris part à une querelle de halle, reçoit une grêle considérable de coups de bâton et n'a que le temps de s'enfuir. Mille exemples de l'ancien théâtre français fourniraient des motifs semblables ; mais je dois me borner au rôle de Satan en architecture.

Des drames dans lesquels le diable est mêlé habituellement, le plus caractéristique est la pèse des âmes, comédie quelquefois étrange, quelquefois grotesque. Ce fut de l'Égypte que vint cette tradition, représentée si fréquemment sur les monuments chrétiens[1].

Au moyen âge, la pèse des âmes est un jugement solennel auquel assistent les anges et les démons. L'âme du juste et de l'injuste doit être pesée dans des balances ; sur un plateau sont placés les vices, sur l'autre les vertus, symbole matériel et visible.

---

[1] « Le dieu visite la zone où se décide le sort des âmes relativement aux corps qu'elles doivent habiter. Le juge souverain pèse les âmes à la balance fatale : l'une d'elles est condamnée, des cynocéphales la fustigent à coups de verges et la ramènent sur terre ; le coupable est représenté sous la forme d'une truie au-dessus de laquelle on a gravé le mot gourmandise, péché capital du délinquant. » (Nestor Lhôte, *Symbolique des monuments funéraires chez es anciens et les modernes.*)

Au fronton des cathédrales surtout, le diable apparaît avec un cortége de monstres menaçants; véritablement imposant en cette circonstance, il devient accusateur public, et les sculpteurs n'ont pas manqué de lui donner une apparence étrange et fantastique.

Avec la tentation, la pèse des âmes fait partie des deux épisodes principaux que le diable joue dans la vie des mortels; et si, dans le premier cas, il se présente entouré de créatures séduisantes pour charmer celui dont il veut faire son sujet, la pèse des âmes évoque plus particulièrement les malices du diable. Il est seul dans les tentations, et on n'y voit pas les anges venir au secours des saints personnages enveloppés des séductions de la luxure. La pèse des âmes est un tournoi dans lequel combattent l'ange avocat du défunt, le diable son accusateur, et souvent le malin esprit l'emporte.

Sa mission paraît facile, car de ces âmes à juger, il en est plus d'une pétrie de boue et d'immondices. Elles n'ont pas traversé la vie sans être souillées par quelque coin; et si l'ange entreprend d'en montrer les parties saines et immaculées, le diable découvrira sans peine les taches qui les salissent.

L'accusateur a donc beau jeu; aussi le voit-on traîner avec joie papes, empereurs, princes et courtisans liés à la même chaîne dont lui, diable, est le garde-chiourme.

A Vézelay, un diable tient un paquet de verges suspendu sur la tête d'une femme et s'écrie : *Time!* un prêtre, au contraire, dit à la pécheresse : *Spera!* Dans ce monument n'éclate pas encore la tricherie qui se voit ailleurs avec un grand développement sarcastique.

De semblables scènes sont fréquemment représentées sur les monuments avec l'invention de la Danse des morts. Même esprit d'égalité, même principe, sauf les pas en avant posés dans le domaine du réel par celui qui, le premier, peignit la Danse Macabre.

C'est dans la pèse des âmes que le diable justifie son titre de « malin. » A sa terrible puissance il joint la tromperie et répond à la pensée des auteurs des anciens *Bestiaires* qui, sous la peau du renard, laissent percer la ruse du diable.

Dans le bas-relief ci-contre de l'église du Monastier, le diable, sous la forme d'une truie, emporte une femme qui a sans doute beaucoup péché : la sculpture est d'un caractère très-naïf; mais l'expression de défiance du diable ne s'en fait pas moins remarquer. Il incline et détourne la tête pour regarder si l'ange qui pèse deux autres âmes ne cherche pas à le tromper.

Avide de montrer sa puissance, le diable, quoique
son cortége fût considérable, tenait encore à le gros-
sir. Ce n'étaient pas cent âmes qu'il lui fallait,
c'étaient mille, dix mille, cent mille, un million,
des milliards d'âmes. Il rêvait de les accaparer
toutes. Dans son orgueil, Satan n'admettait pas
qu'une seule pût lui échapper, et comme quelques-
unes, bien rares, apparaissant pures dans la terrible balance, étaient réclamées par un ange protec-
teur, le diable imitait sans vergogne les marchands
qui vendent à faux poids.

Bas-relief de l'église du Monastier (Velay).

Qu'une âme immaculée soit placée dans la
balance, le diable n'hésite pas à faire pencher
le plateau de son côté malgré *l'advocatie* de l'ange.
Une sculpture du treizième siècle, du portail

de l'église de Louques (Aveyron), représente un ange et un diable pesant les âmes. « Le diable, dit M. Mérimée, a l'air très-fripon et cherche évidemment à rendre sa part meilleure. » En effet, il pose un doigt sur le fléau de la balance pour la faire pencher de son côté, profitant de ce que saint Michel est occupé à regarder ailleurs.

Sur un chapiteau de l'église de Chauvigny, un des suppôts du diable apporte un lézard, symbole du mal, afin d'en charger le plateau de la balance qui contient les péchés. Sous la figure sont gravés ces mots : *Ecce diabolus !*

Mêmes sujets à Conques, au Mans, à Bourges [1].

Jacques· de Voragine rapporte, dans la *Légende dorée*, que Satan fait signer un pacte à ceux qui se donnent à lui parce que ce sont des *tricheurs* qui ne tiennent plus leurs promesses lorsqu'ils croient pouvoir se passer de lui. Cette tricherie qui lui est familière, le démon la reproche aux autres, suivant l'habitude des gens à conscience douteuse, et il manque rarement de l'employer dans la pèse des âmes.

Il est vrai que, dans un tableau du quinzième siècle, du musée de Cologne, on voit le diable guetter une âme qui sort du tombeau. La pauvrette,

---

[1] Mérimée, *Voyage en Auvergne*, p. 84. — Mérimée, *Voyage dans l'Ouest*, p. 64. — Vitraux de Bourges, pl. III.

La pèse des âmes, fragment d'un bas-relief du fronton
de la cathédrale d'Autun,

effrayée à la vue du malin, se jette dans les bras d'un ange[1].

Mais il est rare que le diable ne réussisse pas dans ses entreprises. On voit, dans l'église paroissiale du Bar (Var), un tableau du commencement du seizième siècle, représentant des hommes et des femmes dansant au son de tambourins et de galoubets. Au-dessus de la tête de chaque danseur gambade un petit diable noir, ce qui n'empêche pas la Mort, armée d'un arc, de décocher ses flèches contre les danseurs. Un diable accourt aussitôt à la bouche du moribond pour s'emparer de son âme et la peser[2].

C'est une des rares reproductions d'une lutte entre la Mort et le diable.

Quand, aux approches de la Renaissance, il fut reconnu que le diable, jusqu'alors regardé comme terrible et sauvage, était plutôt de nature perfide et malicieuse, mi-partie singe, mi-partie renard, l'opinion populaire en fit un représentant direct de la nature féminine. La femme, depuis l'antiquité plus reculée, n'avait-elle pas été regardée comme un être à la fois séduisant et malfaisant, qui jette la perturbation dans la vie des hommes? Sur ce sujet, législateurs, philosophes, auteurs sacrés et pro-

---

[1] A. Darcel, *Excursion en Allemagne.*
[2] *Bulletin du Comité historique*, tome III, 1852.

fanes, Pères de l'Église et trouvères étaient d'accord : sous chaque jupe se cachait un diable aux tentations duquel il était difficile de résister.

C'étaient les femmes qui déterminaient les renversements des dynasties, les guerres, les trahisons ; par le pouvoir des femmes, les lions se changeaient en moutons ; les hommes les plus loyaux en parjures. On ne pouvait compter le nombre de telles métamorphoses depuis le commencement du monde :

Bas-relief de l'église Saint-Fiacre au Faouet (Bretagne).

toujours la femme se tenait cachée dans quelque coin, assistant tranquillement aux crimes, aux chutes des empires, aux massacres de peuple à peuple.

La femme ne pouvait donc être qu'un acolyte du diable. Aussi, plus d'une fois le démon fut-il représenté entouré de créatures dont les charmes provocants l'aidaient à triompher de ceux qui résistaient à ses promesses de trésors et de puissance.

L'homme, fier de sa nature masculine, se plaisait à rappeler que la femme avait été séduite la première par le serpent, et il avouait qu'il lui était difficile de résister à l'alliance féminine avec le diable.

Ces idées et bien d'autres furent traduites par le ciseau et le pinceau sur les monuments avec de si nombreux développements, qu'il est difficile de faire un choix parmi ces sujets.

Un des plus finement présentés est la tentation de saint Martin, qui exerça la verve des poëtes et des conteurs.

Le pieux Jacques de Voragine conte qu'un jour, pendant que saint Martin célébrait la messe, deux commères bavardaient à cœur-joie. Le diable se mit en tête d'écrire cette conversation, dans le but de faire éclater de rire le saint et de troubler le service divin. Le moyen que le malin employa semble emprunté à une ancienne pantomime. La loquacité des deux commères, pendant la messe, était telle que de leurs paroles on eût empli un boisseau. « Le Diable, dit Rabelais, escripvant le quaquet de deux galloises, à belles dents, allongea bien son parchemin. »

Il est certain que si saint Martin s'était retourné pendant cette scène, il lui eût été difficile de garder son sérieux. La meule de la conversation des femmes en mouvement, ce n'était plus une feuille de parchemin qu'il fallait au diable pour en noter le bavardage, c'était un cahier.

> Notez, en l'ecclise de Dieu,
> Femmes ensemble caquetoyent.
> Le diable y estoit en ung lieu
> Escripvant ce qu'elles disoyent.
> Son rollet plain de poinct en poinct,
> Tyre aux dens pour le faire croistre :
> Sa prinse eschappe et ne tient poinct,
> Au pillier s'en cobby la teste [1].

Le diable avait entrepris une trop forte besogne que de vouloir noter ces caquets des femmes ; son parchemin venant à manquer, il essaya de l'allonger et avec de si vifs efforts que, la feuille cédant, le malin vaincu alla se cogner la tête contre un des piliers de l'église.

Ce récit eut du succès, à en croire les monuments qui nous en sont restés sous diverses formes, manuscrits et tapisseries. M. Éloi Johanneau rapporte qu'on le voyait représenté encore, en 1678, sur un tableau de l'église de Notre-Dame de Recouvrance, à Brest, avec une légende en bas-breton et en français.

C'est encore grâce aux accointances présumées avec le diable que les femmes, et particulièrement les vieilles, furent regardées comme des sorcières. Toute vieille délaissée dans son coin et osant à

----

[1] Pierre de Grosnet, 1555.

D'après une ancienne tapisserie

peine regarder en dessous ceux qui la méprisaient,
fut accusée de nourrir des pensées coupables, d'user
de maléfices, de vivre de tromperies et de se rendre
au sabbat, qu'a décrit mieux qu'avec un pinceau
l'auteur de ce *Mystère de la passion* :

> Je vois tous les diables en l'air,
> Plus épais que troupeaux de mouches,
> Qui vont faire leurs escarmouches
> Avec un tas de sorcières
> Et ont plein leurs gibecières
> De gros tisons et de charbons
> Pour faire rôtir les jambons
> A des tas de larrons pendus.

J'ai donné dans l'*Histoire de l'Imagerie populaire*[1]
la légende du fameux Lustucru indiquant aux maris
une recette pour rendre leurs femmes meilleures :
il s'agit d'envoyer leurs têtes au forgeron et de les
réduire à coups de marteau sur l'enclume jusqu'à
ce que les mauvais principes en sortent.

On voit, dans les panneaux d'une fenêtre du château de Villeneuve, en Auvergne, un bas-relief du
seizième siècle, qui offre quelque analogie avec la
facétie de Lustucru. Trois horribles démons forgent
une tête de femme, pendant qu'à côté trois anges
forgent une tête d'homme.

Les femmes diront pour leur défense que si elles
se servaient du ciseau des sculpteurs, ce serait une

______
[1] Dentu, 1869, 1 vol. in-18.

tête d'homme que fabriqueraient les diables, et qu'au contraire les anges apporteraient toute leur application à modeler une tête de femme.

Quelques sculpteurs se montrèrent plus galants ; les compagnons qui taillaient les stalles des églises ont, à diverses reprises, représenté la femme, non plus complice du diable, mais son ennemie. Après un combat acharné, elle triomphe du méchant et, en signe de sa défaite, lui scie son oreille de bouc.

Stalle de l'église de Saint-Spire à Corbeil.

Avec la Réforme le rôle du diable fut singulièrement diminué, et les agitations considérables auxquelles il se livre dans les combats à la plume entre catholiques et protestants sont un signe que son pouvoir va expirer.

Les réformateurs, qui tentaient de supprimer les saints, les mystères, la papauté, jugèrent que le diable était également inutile, et celui qui se montra son ennemi le plus acharné fut Luther, qui, malgré sa bonne humeur, tourmenté par les démons pendant sa vie, cherchait à les écarter par mille moyens.

— Ce diable est un esprit triste qui ne peut souffrir une chanson joyeuse, disait-il à ses disciples.

Ce fut sans doute pour ce motif que le réformateur composa des chansons et se plut à en entendre; mais le moyen était trop doux et, pour vaincre un adversaire si redoutable, Luther menaçait de traiter la séquelle diabolique avec un mépris dont elle ne se relèverait pas.

Les *Propos de table* font mention de la singulière prison dans laquelle le moine comptait les loger. « Un jour, Luther penchait vers l'idée qu'il avait lui-même pour adversaires deux diables qui le guettaient de près et qu'ils étaient allés se promener avec lui dans le dortoir du couvent. Quand ils m'auront tout à fait épuisé la tête, dit-il, ils pourront m'entrer dans le c..; c'est là leur place. »

Le moine ne se contentait pas d'une si désagréable incarcération; il comptait bombarder le diable enfermé en cet endroit et lutter avec lui d'odeurs nauséabondes, moyen violent et grossier que les disciples du réformateur nous ont conservé sans paraître s'en étonner : « Si le diable s'obstine à ne pas me laisser tranquille, disait Luther, je tiens pour lui un pet en réserve (*illi crepitum admitto ventris*) ; il faut qu'il en reçoive beaucoup de moi. »

On pense si par de tels moyens le diable fut mis en fuite, la recette d'un semblable exorcisme étant dévoilée, qu'il était si facile à tout possédé d'employer.

D'après un manuscrit de la Bibliothèque
de Cambrai (xii° siècle).

# CHAPITRE VI



## I

Il y a dans l'art tels sujets où le symbole d'une excessive clarté est visible et parlant pour tous. Ce sont pourtant quelquefois ces sujets mêmes sur la nature desquels les érudits s'accordent le moins. L'enseignement donné par l'artiste n'a pas alors besoin de commentaires; c'est autour de cet enseignement que les commentateurs se donnent rendez-vous. Ce qui était net, positif, il semble que certains esprits l'aient rendu obscur et trouble à dessein. La pensée de l'auteur se fait jour en cinquante planches rapidement vues; il a fallu, depuis, cent volumes pour les expliquer.

Ce qui demandait un quart d'heure au penseur pour se nourrir de graves et sérieuses réflexions, veut maintenant des années de recherches pénibles pour être élucidé. Une mince brochure suffisait, il faut une encyclopédie spéciale sur la question.

On se surprend à maudire la vulgarisation de l'imprimerie, et on comprend le paradoxe du socialiste qui voulait brûler les bibliothèques pour forcer l'esprit à penser à nouveau, ce qui n'eût pas empêché l'hydre de l'érudition de donner sans cesse de nouvelles têtes.

La Danse des morts est peut-être le sujet qui prête le plus aux débats de la critique, ses nombreuses représentations à diverses époques ayant poussé les archéologues à indiquer les analogies et les variantes du même drame qui existent en Europe. Ces recherches ne furent pas sans résultats; mais quand toutes les formes furent à peu près connues, les commentateurs ne se tinrent pas pour satisfaits. Ils discutèrent la pensée de l'artiste, et comme les passions ne sont pas étrangères à l'archéologie, les uns firent de ce sujet symbolique un hommage à l'Église, les autres une insulte.

Il ne fut pas admis universellement que le principe d'égalité prêché par le Christ avait enfin trouvé sa forme définitive, que l'art s'emparait de cette doctrine pour la rendre palpable et que sous forme sar-

castique, le peuple recevait dès lors un enseignement plus direct que celui des catéchismes[1]. N'est-il
pas probable que l'Église, en favorisant ou laissant
peindre ces fresques sur les murs des cimetières,
des maladreries et des monuments chrétiens, comme
le fit plus tard à son imitation l'autorité civile pour
les ponts et les hôtels de ville, proclamait hautement
le principe égalitaire?

A mon avis, la Danse des morts reste comme un
des meilleurs titres du catholicisme, qui eut con
science des salutaires conséquences qu'une telle représentation devait exercer sur l'esprit du peuple.
Et il faut rendre cette justice à l'Église qu'elle n'é-
pargna pas ses dignitaires. Tous, sans exception,
prirent part à la danse : ni la tiare, ni la mitre, ni
l'étole ne furent protégées contre la faux de l'im-
pitoyable ménétrier.

En face d'un drame si clair, les gens d'un sens
droit ne pouvaient se tromper ; mais, pour quelques
intelligences qui raisonnent juste, combien d'archéologues ont-ils voulu courber cette danse sous le
poids de leurs systèmes ! Combien d'historiens ont-
ils cherché dans les actes du personnage principal

____

[1] Guillebert de Metz, parlant de la Danse Macabre du Charnier
des Innocents, dit : « Illec sont peintures notables de la Danse Macabre et autres, avec escriptures pour esmouvoir les gens à dé-
votion. »

une attaque contre l'esprit du catholicisme ! Combien d'auteurs de monographies ont-ils trouvé matière à symbolisme creux et vide !

La Danse des morts est à la fois une œuvre philosophique et satirique, car toute philosophie contient un principe de raillerie, comme toute raillerie un principe philosophique.

Celui qui le premier pensa à faire intervenir dans un drame le squelette et sa mâchoire sarcastique, fit preuve de grave ironie. Et quand, au dix-huitième siècle, Maupertuis, visitant un cimetière avec un de ses amis qui lui demandait de quoi riaient ces têtes de morts, répondait : « De nous autres vivants, » ce mot n'était que la réelle traduction de la pensée du peintre de la Danse Macabre primitive.

Un tel sujet semble aujourd'hui funèbre à certains esprits ; la terreur leur mettant un bandeau sur les yeux les empêche d'en saisir l'impression fortifiante. Ils oublient que la mort est la conséquence de la vie. Nous venons au monde pour mourir. La mort sans cesse fait sentinelle à la base du triangle dont péniblement nous gravissons un des côtés pour redescendre l'autre plus péniblement encore. C'est la loi et non la dure loi. Qu'y a-t-il là d'assombrissant pour l'humanité ? Aussi, faut-il laisser les faibles se voiler la face et fermer les yeux devant ces réconfortantes imaginations du moyen âge.

L'Évêque et la Mort, d'après Holbein.

Une autre portée de la Danse macabre était de montrer au peuple qui souffrait que ni la pourpre ni les richesses n'empêchent la mort de faire son office. Ceux qui vivaient dans le pouvoir et l'opulence étaient condamnés au même dénoûment, on peut dire au même dénûment. Le quinzième siècle fut persuadé qu'un pape ne valait pas plus qu'un cordonnier, un empereur qu'un paysan, une grande dame qu'une femme du peuple, un moine à ventre rebondi qu'un pauvre hère sans pain.

— Tout est périssable, criait la Mort. Couvrez-vous d'habits dorés, empêchez le froid de pénétrer dans vos palais, que le bon vin réconforte votre estomac, vous n'en mourrez pas moins que celui qui, à peine couvert, grelotte dans un taudis sans feu et pense en se réveillant qu'il n'a pas mangé la veille.

Tous, vous êtes égaux.

Toi, laboureur, tu pèses autant dans ma balance que le seigneur qui prélève une dîme sur ton travail. Toi, conquérant, par ambition tu fais massacrer des armées, tu mourras. Toi, courtisan, tu es plein de morgue et de vanité ; malgré ton insolence, la Mort t'attend. Toi, riche, tu refuses l'aumône aux pauvres, tu n'auras même pas l'aumône des larmes de ceux qui suivront ton convoi. Tes appartements sont tendus de brillantes étöffes, elles serviront à envelopper ton cercueil. Toi, courtisane, tu vends ton corps aux débauchés ; ce corps qui représentait cent louis par nuit, la Mort l'aura pour rien. Toi, juge, tu étais revêtu d'hermine, tu le seras de vermine.

Les caricaturistes de tous les temps ont bien compris la portée de cette satire ; aussi maintes et maintes fois l'ont-ils reprise et habillée à la mode du jour, sans s'inquiéter de blesser la faiblesse d'esprit de leurs contemporains. Et depuis le quinzième siècle nous vivons sur ce triomphe de la Mort.

## II

On lit dans le *Journal du règne de Charles VI et de Charles VII :* « Item, l'an 1424, fut faicte la Danse Maratre (pour Macabre) aux Innocents, et fut commencée environ le moys d'Aoust et achevée en karesme prenant... »

Villaret, de Barante et autres, ont tiré de ce texte l'indication qu'une danse macabre aurait été dansée devant le duc de Bedford et le duc Philippe le Bon, auxquels Paris asservi faisait fête. Un peu d'attention démontre que si cette hypothèse était

Le Laboureur et la Mort, d'après Holbein.

adoptée, une danse commencée au mois d'août et terminée en carême suivant durerait *huit mois*, ce qui serait fatigant.

Le spectacle donné aux Anglais était la représentation d'une danse, non la danse elle-même. Elle n'avait pas pour but de divertir l'ennemi triomphant qui venait de gagner la bataille de Verneuil, si désastreuse pour la France ; cette danse se produisait sous la forme de fresques, sans se relier aux événements du jour.

Le Roy mort et l'Acteur,
d'après une planche de la Danse Macabre de 1485, publiée
par Guyot Marchant.

L'heure qui annonce la naissance d'une grande conception avait sonné. Rattacher cette conception à un fait particulier, y voir un symptôme positif de

l'état des esprits à une époque a entraîné les gé-
néralisateurs dans des sentiers pénibles. A ce
compte, la Danse des morts, symbole de l'Égalité,
pourrait être réclamée également par la Révolution
de 1789.

La génération qui va suivre ne sera occupée qu'à
enlever les prétentieux *repeints* dont nous sommes
si fiers et qui dénaturent la plupart des événements
historiques.

Un écrivain, qui a annoté récemment *la Grant
Danse Macabre des femmes*[1], voit dans cette composition un rapport avec l'envahissement de la France
par les Anglais et les cruelles pestes épidémiques
de la même époque.

Il y a en effet quelque chose de tentant dans cet
aperçu, et il est commode pour un écrivain de danser sur la corde de l'antithèse.

Paris vaincu donne des fêtes à l'ennemi triomphant ; au charnier des Innocents, le peintre apprend au conquérant qu'il finira comme le conquis.
Une peste se joint à la guerre pour éprouver la
France, les rues de Paris sont pleines de cadavres :
à deux pas, un imagier, dans une suite de tableaux
satiriques, se nargue de la Mort. Ces sortes d'oppositions plaisent aux écrivains qui aiment le clique-

---

[1] Miot-Frochot, *la Grant Dance Macabre des femmes*. Bachelin-
Deflorenne, 1868.

tis dramatique.. Et si à ce jeu de raquettes on joint quelques rancunes politiques ou religieuses, la fête est complète.

Le même commentateur de la *Danse Macabre des femmes* profite de ces fresques pour juger à grands traits le quinzième siècle : « Époque de doute et de révolte même contre le sentiment religieux, contre l'idée dominatrice de l'Église, elle a été pour les arts le berceau d'une de ces représentations bizarres les plus repoussantes, les plus terribles qui aient jamais été données en pâture à la curiosité publique. L'Église a jeté à cette misérable époque la Danse macabre comme une proie. »

Sans doute l'idée chrétienne se montre dans ces peintures ; mais est-il bien certain qu'elles furent commandées directement par l'Église ?

Noël du Fail, dans les *Contes d'Eutrapel* (1592), parle des mêmes fresques du cloître des Innocents à Paris, et dit : « que ce sçavant et belliqueux roi, Charles le Quint, y fit peindre, où sont représentées au vif les effigies des hommes de marque de ce temps-là, et qui dansent en la main de la Mort. »

Admettons qu'au seizième siècle, Noël du Fail connaissait moins bien les circonstances qui produisirent la Danse macabre qu'un commentateur du dix-neuvième, et laissons la parole à ce dernier : « Quant l'Église, interprétant l'idée de la Mort, la

représentait matériellement sous la forme d'un
squelette, elle exploitait les sentiments populaires

Frontispice de *la Danse des femmes*, laquelle composa maistre
Marcial d'Auvergne, procureur au Parlement de Paris.

et se mettait ainsi à la portée de tous. Il y avait
dans cette conduite plus de politique que de charité
chrétienne. »

Ici il y a progression. L'Église, suivant le commentateur, est devenue machiavélique. De telles

affirmations sont toujours gaies quand l'auteur croit à ce qu'il dit.

Nous allons voir maintenant ce qui se cache au fond de la Danse macabre. « Dans cette peinture hideuse on sent battre le cœur de la France, de la patrie, mais de la France anéantie, de la patrie découragée qui, dans son égarement, ne compte plus que sur la Mort, au lieu de compter sur son seul courage. »

Du moment où « *on sent battre le cœur de la France* » dans la *hideuse* Danse des morts, j'abandonne le commentateur. Ses conceptions sont trop élevées pour moi et je me retourne vers d'autres archéologues, dont l'un, M. Leber, jugeant, il y a une trentaine d'années, de semblables imaginations, disait : « Nos historiens modernes ont fait bien du bruit pour peu de chose. »

Un autre érudit, un des pères de l'archéologie en France, qui passa de longues années à étudier les représentations macabres, a montré l'enchaînement naturel des idées traduites par un pinceau sarcastique : « Nous sommes porté à croire, écrivait Langlois, que la Danse des Morts est simplement la mise en scène du drame moral et chrétien que l'on trouve, dès le douzième siècle, dans les sermons populaires des prédicateurs et des scolastiques, et dont le fond est une sorte de prosopopée dans la-

quelle la Mort s'adresse aux personnes de chaque
condition. De ces sermons, cette idée passa naturellement dans les poésies vulgaires et donna naissance à des quatrains, à des versets d'après lesquels les figures ont dû être faites. Ces dernières
étaient dues, pour ainsi dire, au développement
progressif de l'esprit. Il ne faut pas douter que le
peuple, tendant toujours à s'émanciper malgré
l'oppression des grands, n'ait accueilli avec enthousiasme ces sortes de caricatures de l'époque,
qui lui offraient sous une forme très-plaisante une
certaine consolation en lui montrant les chefs de la
société et les seigneurs traités sur le même pied
que les plus misérables. »

Voilà en effet le véritable sens de la Danse des
morts. Les deux érudits, qui ne se laissent prendre
ni au pittoresque, ni à l'antithèse, ni aux mots à
effet, admettent difficilement « toutes les belles
choses qu'on y a vues depuis. » Suivant eux un tel
fait ne se produit pas instantanément, sur com-
mande ou d'après l'événement du jour.

Leber et Langlois, ces vaillants chercheurs, apportent dans l'exposé de leurs idées un sens clair,
précis, et si après eux M. Fortoul trouve dans ces
peintures l'action des franciscains et des domini-
cains qui prêchaient l'égalité et que le peuple respectait parce que ces moines vivaient pauvres, il

l'indique avec une modération et une prudence qui
ne ressemblent guère à la prétendue *exploitation*
des sentiments populaires par l'Église.

D'ailleurs, si le fait isolé dont parle le commentateur de la *Danse Macabre des femmes* était admis,
la France, du moment où elle échappe à la peste et
à la domination anglaise, aurait dû renoncer à ces
représentations symboliques qui n'avaient plus de
raison d'être. Au contraire, la Danse des morts se
répand dans tout le royaume pendant plus de deux
siècles.

L'Allemagne et la Suisse ne furent pas conquises
par les Anglais ; cependant les Suisses et les Allemands peignent également des Danses des morts[1].

— C'est l'Église catholique, dit-on, qui exploite
cette donnée. — Comment se fait-il que la Réforme
en fasse son profit?

Et les Anglais, contre qui est dirigé le macabre
symbole, comment agissent-ils? Pleins d'admiration, ils emportent la Danse des morts dans leur île
et en décorent les murs de leurs cathédrales. Naïvement ils croient qu'ils ont mis la main sur une
idée philosophique; ils ne se doutent pas qu'ils ont
emporté un battement du « *cœur de la France.* »

---

[1] On a compté quarante-trois villes en France, en Allemagne, en
Suisse et en Angleterre, où étaient représentées des Danses de
morts.

## III

On voyait jadis en Bretagne, près des églises, des constructions dites *reliquaires*, dans lesquelles étaient entassés les ossements des anciens cimetières. Le même usage existait en Suisse, comme l'indique une gravure qu'on pourrait appeler le Concert de la Mort.

C'est la Mort qui appelle les morts. Une troupe de squelettes tire de la trompette des fanfares éclatantes, et avec frénésie le chef d'orchestre frappe sur des timbales calées sur des ossements. Le premier qui sort de l'ossuaire fait écho aux trompettes qui l'appellent; derrière lui les morts se dressent par milliers. C'est le prologue saisissant de la Danse. Tous ces morts aux orbites creuses, cherchant à reconnaître leurs os dans le tas, vont se répandre par le monde, dans toutes les classes, sans pitié pour personne.

Le branle est donné et excite l'imagination des peintres.

Un poëte anglais, Pierre Plowman, ayant publié au seizième siècle sa *Vision*, dans laquelle la Mort renverse rois, empereurs, chevaliers, papes, Geoffroy Tory s'inspirait de cette conception et en illus-

D'après un livre d'Heures, de Geoffroy Tory.

rait un de ces admirables livres d'Heures auxquels
l a donné son nom.

La Mort-Roi, montée sur un cheval apocalyptique
et suivie de deux autres serviteurs décharnés, tous
trois armés de faux, abattent chaque être vivant
qui se présente devant elle. Détail ingénieux, la Mort
tient un pli à la main, comme si elle portait la lettre de deuil du genre humain.

On n'a que l'embarras du choix dans les caprices
macabres des manuscrits, où souvent le sujet est
égayé par des encadrements de fleurettes et de petits oiseaux se détachant sur fond d'or. Plus le
drame est lugubre, plus riant est l'entourage.

A la fin de la Renaissance, la Mort a quitté son
aspect farouche; si elle ne s'humanise pas quant
au fond, elle est devenue polie et presque enga-
geante. Aussi les poëtes la chantent-ils sur tous les
tons et les peintres ont-ils fait assaut d'ingénieuses
inventions pour faire entrer ce fantastique personnage dans la vie habituelle, la présentant au public
comme familière et bon enfant.

« Au pont de Lucerne, dit M. Saint-Marc Girardin,
la Mort plaisante avec nous. Faisons-nous une partie
de campagne, elle s'habille en cocher et fait claquer
son fouet. Les enfants rient et sautillent ; la mère
se plaint que la voiture va trop vite. C'est la Mort
qui conduit ; elle a hâte d'arriver. Allez-vous au

bal : voici la Mort qui entre en coiffeur, le peigne à la main. Le pont de Lucerne nous montre la Mort à nos côtés et partout : à table, où elle a la serviette autour du cou, le verre à la main et porte des santés ; dans la boutique où, en garçon marchand, assis sur des ballots d'étoffes, elle a l'air engageant et appelle les pratiques ; au barreau, où vêtue en avocat, elle prend des conclusions : — Le seul avocat, dit la légende, qui aille vite et gagne toutes les causes[1]. »

A Bâle, où la Mort donna une de ses principales représentations, entre autres détails piquants, on la voyait emmener le cuisinier, et à la place qu'occupe habituellement la faux, c'était une broche avec un poulet rôti que portait la Mort, se plaisant à rappeler à ses sujets le rôle qu'ils avaient joué pendant la vie.

Suivant la condition des gens avec qui elle doit lutter, la Mort emploie des armes différentes. A cheval, elle combat les cavaliers ; elle est galante avec les jeunes femmes ; c'est avec un filet qu'elle prend l'oiseleur. Quand elle entre chez un médecin, elle lui présente une drogue de nouvelle invention. « L'insatiable glouton de tous les hommes » met des formes suivant la clientèle, ce

---

[1] *Journal des Débats,* 15 février 1855.

La Jeune Fille et la Mort, d'après une gravure allemande
de 1541.

qu'a surtout compris l'admirable artiste qui, de la Danse des morts, a tracé une suite de petits chefs-d'œuvre.

Sur les cinquante-trois planches d'Holbein, j'indiquerai celles qui me frappent particulièrement et que je ne saurais me lasser de regarder.

Le *roi* est assis sous un dais devant une table chargée de mets. Ses serviteurs s'empressent autour de lui ; mais voici qu'un bizarre échanson, plus empressé encore, s'approche une bouteille à la main et verse au prince le breuvage qu'il boira pour la dernière fois. Il faut quitter le palais aux étoffes fleurdelisées, renoncer aux repas somptueux. La Mort s'est glissée dans cet endroit.

Le *moine*, gros et gras, trouve qu'à lire le bréviaire la vie est agréable. Il ne pense pas que son supérieur, un évêque d'une affreuse maigreur, viendra le prendre par la robe et l'entraînera dans un lieu tranquille où celui qui l'habite n'a même plus la peine de tourner les pages d'un livre de prières.

Le *prêteur d'argent* est de bonne humeur. C'est le jour des arrérages. Il a avancé peu de monnaie, ses débiteurs lui en rendent beaucoup ; aussi son escarcelle est-elle grosse de la maigreur de celles qui se vident dans la sienne. Déjà l'usurier compte sur ses doigts les intérêts qu'il va tirer de cet argent décuplé.—Tu n'as pas payé ma dette, il faut compter avec moi, s'écrie la Mort qui, bien importunément, barre la route au prêteur.

La *jeune fiancée* fait sa toilette, souriant au son du tambourin joyeux qui annonce au dehors l'arrivée de l'époux. — Il faut se dépêcher, dit la Mort qui attache au cou de sa victime un riche collier de perles.

Le *prédicateur* est monté en chaire, prenant pour texte de son sermon la brièveté de la vie. Dans le feu de son improvisation, il ne remarque pas qu'un sablier a été posé sur la chaire. — A mon tour, prêtre, lui dit la Mort ; tu as été long, je serai courte. Tu conseillais à ces braves gens de mettre leur âme en paix, songe à la tienne. Tu parlais de la brièveté de la vie, tu avais raison, je vais te prendre pour exemple.

L'*astrologue* est occupé à regarder un globe terrestre. La mort se présente à lui et lui montrant un vieux crâne déterré :

> — Tu dis par amphibologie
> Ce qu'aux aultres doibt advenir.
> Dys-moy donc par astrologie
> Quand tu debvras à moy venir.

L'*avare* dans son caveau entasse des lingots d'or, des bijoux, des diamants ; c'est avec la rage d'un voleur forçant la boutique d'un changeur que la Mort empoigne ses trésors, certaine d'être suivie par celui qui ne croit qu'à l'argent.

Le *laboureur* oublie ses fatigues quand le soleil,
au loin, darde ses rayons derrière la vieille église.
Devant la charrue se présente la mort :

> A la sueur de ton visaige
> Tu gaigneras ta pauvre vie,
> Après long travail et usaige,
> Voicy la mort qui te convie.

Le *chevalier* a mis à mort plus d'un homme dans
sa journée ; son épée est encore teinte de sang.

D'après Holbein.

Et cependant un nouvel adversaire se présente,
n'ayant pour arme qu'un ossement ramassé dans un

cimetière. Il semble que la lourde épée en ait facilement raison. Le chevalier, malgré son armure, n'en ira pas moins rejoindre ceux à qui il a fait mordre la poussière, et personne ne le plaindra. Les peuples, dit la légende, s'élèveront soudain contre l'inhumain qui ordonne ces violences et ces massacres. La leçon ne nous a pas profité, et c'est le cœur serré que je corrige ces épreuves, à deux pas des violences et des massacres.

*L'aveugle* remercie celui qui vient de l'aider à sortir d'un mauvais pas. — Je tiens ton bâton, lui dit la Mort, pour te mener dans un sentier plus tranquille.

Ainsi défilent devant le grand niveleur hommes et femmes de toutes les classes : pape, empereur, cardinal, grandes dames, magistrats, alchimistes, marchands, navigateurs, courtisanes, joueurs, ivrognes, mendiants.

Tous ceux qui, par des moyens factices, jouissent sur terre sont réellement empoignés par la Mort avec une joie sauvage. Les vicieux, les débauchés, les avaricieux la remplissent de gaieté. Cachée dans un coin, derrière une porte, elle se montre tout à coup à eux comme une pantomime imprévue, en s'écriant : « Me voilà, voilà la Mort ! » Et la terreur qu'elle excite change sa grimace habituelle en une raillerie bizarre.

Mais quand il s'agit d'un pauvre, d'un enfant au berceau, d'une vieille revenant de la forêt, courbée sous le fagot, alors la Mort s'humanise et témoigne une sorte de .pitié. A ces pauvres êtres elle souffle de consolantes paroles : *Mors melior vita.*

Le drame de la Danse macabre finit avec la Renaissance ;. cependant il faut signaler, dans les dernières années du dix-septième siècle, un prédicateur, Honoré de Sainte-Marie, qui obtint de son vivant des succès populaires qu'eût enviés Holbein. La Danse des morts de Bâle, le moine la dramatisa à sa façon, et ce ne fut pas de la faute de la leçon si ceux qui assistèrent au spectacle donné par le capucin ne revinrent pas au logis corrigés.

Dans un de ses sermons sur le jugement dernier, le père Honoré prenait dans ses mains une tête de mort :

— Parle, disait-il avec son accent méridional, parle, ne serais-tu pas la tête d'un magistrat? Tu ne réponds pas; qui ne dit mot, consent.

Il coiffait la tête de mort d'un bonnet de juge.

— N'as-tu point vendu la justice au poids de l'or ?. s'écriait le moine. Ne t'es-tu pas entendu avec l'avocat et le procureur pour violer la justice?

Le père Honoré jetait alors la tête de mort au fond de la chaire et en reprenait une autre àqui il disait :

— Ne serais-tu pas la tête d'une de ces belles

dames qui ne s'occupent que de prendre les cœurs à la pipée? Tu ne réponds pas ; qui ne dit mot, consent.

Le père Honoré tirait alors une fontange de sa poche et en coiffait le vieux crâne.

— Eh bien, continuait-il, tête éventée, où sont ces beaux yeux qui jouaient si bien de la prunelle? Où sont ces dents qui ne mordaient tant de cœurs que pour les pouvoir faire mieux manger au diable, ces oreilles mignonnes auxquelles tant de godelureaux ont chuchoté si souvent, pour entrer dans le cœur par cette porte? Que sont devenues ces roses, ces lis que tu laissais cueillir par des baisers impudiques ?

Et le père Honoré, semblable à l'Ahasvérus du poëte Schubart, envoyait la tête de mort de la coquette rejoindre avec un terrible fracas celle du juge prévaricateur.

Ainsi le moine parcourait toutes les conditions, affublant chaque tête de mort d'une coiffure différente; mais c'est le ton du capucin qu'il faudrait rendre, sa mimique, l'apparition fantastique de tous ces vieux crânes ornés de plumets, de couronnes, de bijoux, de dentelles.

# CHAPITRE VII



Les grosses constructions des cathédrales du moyen âge terminées, il fallut songer à l'ornementation extérieure. J'ai dit que les hagiographes attachés à des couvents s'entouraient d'imagiers dont toute l'instruction gisait dans le maniement du ciseau ; chaque soir un moine lisait de pieuses légendes à ce peuple d'ornemanistes, dont il fallait réveiller la foi. Telle était la leçon qui devait s'imprimer dans le cerveau des sculpteurs, et donner naissance à des drames dans lesquels ombres et lumières coloraient à la fois les rosaces et les portails des façades.

A ce moment le symbolisme religieux suit une

marche régulière et ne laisse pas de place au caprice. Du onzième au douzième siècle, sur les murs des monuments n'apparaît aucune trace de lutte entre l'État et l'Église, non plus qu'entre les divers ordres religieux.

La cathédrale d'Autun est un des exemples les plus parfaits de l'enseignement hagiographique d'un prêtre considérable par son savoir, l'évêque Honorius. Les chroniques le représentent veillant sans cesse à ce que le sens de ses leçons soit traduit avec fidélité; cependant sur un chapiteau d'Autun se détache, sculptée en ronde-bosse, une des plus anciennes fables de l'Inde, *le Renard et la Cigogne*, arrivée de Bidpaï jusqu'à Ésope : ce fut dans un des fabliaux précédant le *Roman de Renart* que l'imagier la trouva.

Maître Renard montrait pour la première fois, je pense, le bout de l'oreille à l'église.

Qu'on s'imagine le grave *Moniteur officiel*, dans lequel, à la première page, au milieu des documents diplomatiques, se glisserait une facétie. Tel est l'effet produit au milieu de la cathédrale d'Autun par cet insolite chapiteau.

L'hagiographe, qui avait conçu le plan du monument, put sourire de ce détail innocent. Qu'était-ce, après tout? Le souvenir du fabliau de la cigogne enlevant une arête du gosier du renard.

J'y vois l'art indépendant se livrant à ses premières manifestations.

Il ne faudrait pas toutefois aller plus loin que l'imagier qui a sculpté le bas-relief, et vouloir préjuger de *l'état des esprits* par la sculpture d'un

Chapiteau de la cathédrale d'Autun.

chapiteau ; cependant, quand je constate l'immense popularité du *Roman de Renart* dans les années qui suivirent, il est bon de mentionner, ne fut-ce qu'à titre de curiosité, la première graine qui s'échappe du fabliau pour pousser en haut d'un pilier.

Plus tard, bien d'autres graines se répandront sur de nombreux monuments en France, en Angleterre, en Allemagne.

Renart s'attachera surtout à la robe des gens

d'église et des moines de toute couleur. Dans chaque cellule de couvent il semble que le malicieux animal soit caché, pour épier les actes des religieux et s'en divertir avec le peuple. A peine le moine a-t-il ôté sa robe que Renart s'en empare, et, encapuchonné, fait mille grimaces aux badauds, singe l'office religieux, bénit les passants et s'écrie que si lui, Renart, semble moine, il pourrait bien se faire que le moine fût plus véritablement renard.

Et pourtant ce goupil qui ne se gêne pas avec les gens d'église, l'Église le tolère, jugeant Renart plus amusant que dangereux. En effet, les tours de ce maître fourbe sont aussi gais que ceux de Scapin ; s'il s'attaque aux puissants du jour, aux empereurs, aux rois, aux prêtres, c'est avec une bonne humeur qui voile suffisamment ses audaces.

Renart ne semble pas plus dangereux qu'Ésope, que Phèdre : il est au moyen âge ce que les fabulistes furent à l'antiquité ; encore a-t-il sur les fabulistes l'avantage de ne pas moraliser.

Ses aventures sont si plaisamment contées que le poëte ne peut véritablement avoir l'intention de se poser en critique acerbe. Il rit des moines, mais de quels moines ? Ceux-ci disent que c'est de ceux-là, ceux-là de ceux-ci. Personne ne se sent atteint, et si quelque malice semble applicable à une corporation religieuse, elle est présentée si gaiement qu'il eût fallu des esprits moroses pour s'en offenser.

Ni l'aigreur, ni l'amertume, ni la rancune, ni la révolte ne se sentent dans la composition du poëme primitif de Renart; il n'y a pas de trace de fiel, comme dans les imitations qui suivirent bientôt. Dans certains chapitres, il est vrai, l'auteur parodie l'office pieux[1]; mais ces railleries étaient si innocentes que le clergé les laissa sculpter en pleine lumière sur les façades des églises.

Seul, Gauthier de Coinsy réprimanda les gens d'église qui ornaient leur chambre à coucher des aventures d'Ysengrin et de sa femme.

> En lor moustiers ne font pas fere
> Si tout l'image Nostre-Dame,
> Com font Ysengrin et sa fame
> En lor chambre où ilz reponent[2].

Il est peu de poëmes, de romans, de comédies dont le succès ne fasse dresser les longues oreilles

---

[1] Voyez la « Dixième aventure » de l'ingénieux arrangement du *Roman de Renart* donné par M. Paulin Paris, sous le titre des *Aventures de maître Renard*, 1 vol., Techener, 1861. Cette intéressante publication dispense ceux qui veulent être amusés sans fatigue de recourir aux anciens textes.

[2] En leurs moustiers ne font pas faire — sitôt l'image Notre-Dame — qu'ils font Ysengrin et sa femme — en leur chambre où ils ro posent. (*Miracles de la Vierge*, 1323.)

d'un homme prenant en main les prétendus intérêts de la morale. Gauthier de Coinsy me paraît être en cette circonstance le Monsieur Prudhomme de son temps.

Il est présumable que les moines se divertissaient plus dans les monastères à entendre les facéties de Renart qu'à écouter les vêpres. La vue des peintures qui ravivaient le souvenir du poëme les intéressait davantage que les scènes bibliques ; mais sauf l'admonestation de Gauthier de Coinsy, on n'a trouvé jusqu'ici aucune trace de censure quelconque exercée contre le malin goupil.

Le roman de Renart fit école. C'est une grande œuvre satirique, voilée et pourtant bien autrement claire que le *Pantagruel*. Pour en donner une idée, la critique a évoqué l'*Odyssée* et la trilogie dramatique de Beaumarchais ; on y trouve, en effet, la variété d'aventures du poëme antique, l'esprit ingénieux de la comédie moderne. La ruse qui jaillissait de plusieurs sources remplissait la coupe et débordait, féconde en subtilités de toute espèce, tant chaque poëte apportait sa part de malices. On ne rencontre pas dans le roman de Renart les puissantes échappées qui ont sauvé l'œuvre de Rabelais de la destruction ; mais le même système d'allusions a présidé à la composition des deux œuvres.

La royauté, l'Église, la noblesse, les moines, les

hauts barons, les cours de justice, les tournois, les rapines des nobles entre eux, sont indiqués satiriquement dans le roman ; mais le véritable personnage, c'est Renart, et, comme l'a fait remarquer un critique : « Sa malice et sa gaieté triomphent de tous les obstacles. Personnage discret, matois et prudent, il accepte le monde tel qu'il est, et se contente de l'exploiter à son profit. Il se confesse, porte haire et cilice, prend la croix, chante la messe, ce qui ne l'empêche ni de rire de l'enfer, ni de profaner les saints mystères, ni de croquer le milan son confesseur. Sophiste, diplomate, casuiste, dévôt, hypocrite, gourmand, paillard, menteur effronté, faux ami, mauvais parent, esprit fort; à la fois Patelin, Panurge, Tartuffe, Figaro, Robert Macaire : voilà Renart. Il a inventé le fameux *distinguo*; il aime, lui aussi, *à voir lever l'aurore*. Bohémien sans vergogne, il n'a point de préjugé de caste ni d'éducation : Il se fera tour à tour jongleur, médecin, moine, voleur ; et de tous ces métiers, le dernier n'est pas le moins honnête à ses yeux[1]. »

L'antiquité avait déjà fait du renard le type de la ruse. En égyptien *être renard*, c'est être rusé. Il resta le type de la ruse pour les fabulistes, les conteurs et même les hommes politiques. Aristote ap-

---

[1] Lenient, *la Satire française au moyen âge*, 1 vol. in-18, 1859.

pelle le renard *callidum et maleficum* (fourbe et malfaisant). Le *Physiologus* de saint Épiphane signale
la ruse du renard contrefaisant le mort pour attirer
ses victimes ; et au treizième siècle Richard de Four-
nival, dans le *Bestiaire d'amour*, allant plus au
fond, donne les détails suivants sur les mœurs du
malin animal : « Le goupil ne vit que de vols et de
tricheries. Quand la faim le presse, il se roule sur
la terre rouge et il semble être tout ensanglanté :
alors il s'étend dans un lieu découvert, retenant son
souffle et tirant la langue, les yeux fermés et rechi-
gnant les dents comme s'il était mort. Les
oiseaux viennent tout près de lui sans défiance, et
il les dévore. » Idée qui est exprimée dans la gravure
de la page 48.

« Les animaux, dit Machiavel, dont le prince doit
savoir vêtir les formes, sont le renard et le lion. Le
prince apprendra du premier à être adroit et de
l'autre à être fort. Ceux qui dédaignent le rôle de
renard n'entendent guère leur métier. » Ainsi, dans
l'ordre politique, le renard marche avec le lion,
l'adresse avant la force.

Les anciens auteurs de blasons pensent comme
les fabulistes. Il est vrai que les grands fabulistes
pensent comme la nature. Vulson de la Colombière,
en sa *Science héroïque*, dit du renard : « Et en
effet, cet animal, attendu qu'il est fin, subtil, rusé,

prévoyant et dissimulé plus qu'aucun autre, j'estime qu'il peut représenter ceux qui ont rendu des services signalés à leur prince ou à leur patrie, dans l'exercice de la justice ou dans les ambassades ou autres négociations, où il est plus besoin d'esprit et d'adresse que de violence et de force ouverte. »

Décrivant le blason des Schaden Leipolds, en Allemagne, où l'on voit un renard emportant un oison dans son capuchon, la Colombière ajoute « Cette armoirie représente ceux qui sont remplis de finesse et ruse, et qui, partant, contrefont les gens de bien pour attraper les oisons, c'est-à-dire les niais, les innocents ou les idiots. »

Mais le rôle que joua Renart en iconologie vint surtout du succès considérable du roman. A la suite l'animal obtint de l'art des lettres de naturalisation. Sculpteurs, peintres, verriers, avaient le Renard en grande estime, à cause de ses aventures plaisantes. Son image fut reproduite à satiété à l'extérieur des églises sur les façades, à l'intérieur sur les chapiteaux, les vitraux ; le symbole de l'animal se glissa même dans le chœur des cathédrales, accroché aux stalles des chanoines.

J'ai indiqué au premier chapitre la place importante réservée au renard sur le jubé de Saint-Fiacre au Faouet. Dans cette petite église bretonne, l'artiste s'est particulièrement signalé, car en

France, en Angleterre, en Allemagne ou dans les Flandres, l'imagination sculpturale, en ce qui touche le renard, n'est pas considérable. Autant le roman est fertile en inventions, autant les artistes pèchent par la monotonie : il leur suffit de représenter Renart prêchant les poules ou les emportant dans sa robe de moine, ils sont satisfaits. Au contraire, le sculpteur de Saint-Fiacre témoigne de son admiration pour les tours de l'animal par les sources diverses auxquelles il puise. Ici le roman est renforcé par les proverbes.

Un bas-relief singulier de la même église prouve en effet que le renard, dans cette occasion, a été sculpté en témoignage de sa grande popularité, et que l'artiste n'a pas voulu en faire une machine de guerre contre le clergé.

A diverses reprises Rabelais parle d' « *escorcher le regnard*. » Gargantua, fréquemment, « escorchoit le regnard. » C'était alors une image favorite pour peindre le déboire des buveurs qui ont trop caressé la bouteille et en sont punis par de nauséabonds vomissements. Bringuenarilles ayant l'estomac trop chargé, un enchanteur, pour le débarrasser de cette accumulation de liquide, lui fit « escorcher un regnard. » Le peuple et quelquefois les gens d'esprit abusent de ces métonymies qui, plus tard, mettent aux abois la cervelle des commentateurs.

[Vitrail de Limoges (xive siècle),
d'après M. de Lasteyrie.

Je songe à un érudit du siècle qui va suivre, voulant se rendre compte de la signification « d'un homme *qui a une écrevisse dans la tourte.* » Par quelle suite d'inductions ne passera-t-il pas avant d'arriver à ceci : Qu'une « écrevisse dans la tourte » remplaça, dans les vaudevilles de 1868, « *l'araignée dans le plafond*, » image qui avait fait son temps, ayant été considérablement employée à peindre un être dont le cerveau est rempli d'idées bizarres.

« Escorcher le regnard » fait partie de la même

Bas-relief de Saint-Fiacre au Faouet, d'après un dessin
de M. L. Gaucherel.

famille de mots populaires ; mais il est au moins singulier qu'un sculpteur imagina de le traduire

13.

avec le ciseau sur les murs de l'église de Saint-Fiacre. Là se voit un homme, la main appuyée sur un tonneau qu'il a vidé avec trop d'avidité, et dont les fumées amènent de désagréables et violents efforts jusqu'à ce que définitivement soit « escorché le regnard[1]. »

Ne fallait-il pas, dans ces quelques pages consacrées à Renart, montrer les différentes formes sous lesquelles l'animal se présentait à l'esprit des imagiers? Cette sculpture, symbole de l'ivrognerie, ne se répète d'ailleurs, je crois, sur les murs d'aucune autre église.

Renart descendit de la façade des édifices religieux pour se mêler aux cérémonies publiques. Sous Philippe le Bel, le clergé faisait des processions au milieu desquelles un renard était conduit en surplis et en tiare, croquant les poules en chemin. Philippe le Bel s'amusait volontiers, et le peuple plus encore, de ces facéties contre le pape.

Louis XII également permit ces représentations satiriques sur la scène. Le clergé, en guerre avec les

---

[1] Cette locution du quinzième siècle est évidemment la mère de celle que les gens du peuple emploient encore aujourd'hui pour peindre la conséquence de l'ivrognerie : « Piquer un renard, » disent-ils. Singulière fortune de certains mots qui ne disparaissent de la langue qu'avec une profonde modification des mœurs! Ce sont les ivrognes des basses classes qui perpétuent actuellement le souvenir du *Roman de Renart*.

moines, favorisait de telles licences. Les poëtes profitaient de ce bon temps pour se moquer à la fois de l'Église et de la royauté. C'est ce qui explique l'audace et la vogue des divers *Romans de Renart* qui succédèrent au premier poëme, remplaçant malheureusement la bonne humeur des conteurs primitifs par des agressions plus amères que comiques.

On voit aussi le renard faire partie des fêtes des Fous, entre autres à la mascarade de la Mère-Folle, à Langres; mais dans ces spectacles l'animal a perdu son caractère symbolique : en compagnie d'ânes, de singes, etc., il se livre, ainsi que le dit du Tillot[1], à « des mimiques ridicules. »

Il semble que Renart ait voulu poser sa griffe sur chaque objet appartenant à l'Église. Au milieu des arabesques des missels l'animal s'introduit avec ses compagnons, comme dans le *Missale Ambaniensis* de la bibliothèque de la Haye; on y remarque des loups et des renards, habillés en robes de moines, qui chantent au lutrin, et Messire Noble Lion, assis sur un fauteuil, ayant sur la tête une couronne et dans ses mains une bandelette sur laquelle on lit : *Palardie, Orgueil, Envie*, pendant qu'un carme et un dominicain, figurés par

---

[1] *Mémoires pour servir à la Fête des Fous*, 1741, in-4°.

un loup et un renard, semblent des courtisans.

Il y aurait une iconographie de Renart plus dé-
veloppée à tenter dans l'ordre des manuscrits, si
les miniatures étaient à la hauteur du poëme ; je
me préoccupe surtout des représentations sculptées
à l'extérieur et à l'intérieur des églises.

A Saint-Denis d'Amboise, le loup et sa femme,
Ysengrin et Hersant, marchent debout, chargés de
leur bagage et appuyés sur un bâton. Sur un chapiteau du onzième siècle, dans la nef de l'église
Saint-Germain des Près, on voit aussi le renard ;
mais l'animal s'acclimate plus volontiers dans le
chœur des églises, comme à Mortemart et Eymous-
tiers où le renard joue de la flûte sur les miséricordes
des stalles.

Stalle de l'église Saint-Taurin d'Évreux.

A Saint-Taurin d'Évreux, sous la miséricorde
d'une stalle du chœur, un imagier a sculpté les ef-

fets de l'éloquence du goupil : déjà une poule est entrée dans le capuchon du froc, qui lui sert de bissac. Une seule volaille ne suffit pas à son appétit. Renart cherche à endoctriner un coq et un canard qui picorent aux pieds de la chaire.

Ailleurs, il prêche des volailles et les emporte pour achever leur conversion[1]. A Salignac, où naquit Fénelon, les stalles de l'église représentent des moines à longues oreilles et des renards encapuchonnés prêchant des dindons.

C'est sur un modillon du toit de l'église de Notre-Dame de Nanteuil (Loir-et-Cher), que le sculpteur a placé l'animal guettant une poule et un coq.

Avant de terminer cette nomenclature qui pourrait être beaucoup plus étendue, il faut signaler les analogies à l'étranger.

M. Thomas Wright[2] cite dans une église du Christ-Church (Hamsphire), la sculpture d'un renard en chaire et derrière lui un petit coq qui semble le bedeau. Il signale également, sur les vitraux de l'église Saint-Martin, à Leicester, un renard habillé en moine, faisant un sermon à un troupeau d'oies auxquelles il dit : « Dieu m'est témoin combien

[1] Voir les stalles de Notre-Dame d'Amiens, de Cuiseau (Saône-et-Loire), de Sirod (Jura), de Bletteraus (Jura), de Saint-Léonard le Noblac (Haute-Vienne), etc.

[2] *Histoire de la caricature et du grotesque dans la littérature t dans l'art*, 1 vol. grand in-8, 1867.

je voudrais vous avoir toutes dans mes entrailles. »

Les stalles de Sainte-Marie, à Beverley (Yorkshire), de Nantwich (Cheshire), de Boston (Lincolnshire), sont ornées de renarderies analogues.

Mêmes sujets en Allemagne et dans les Pays-Bas. Sous la chaire de Pforzheim, près Carlsruhe, un renard porte une volaille dans son capuchon de moine et épie toute une basse-cour, occupée à écouter pieusement un sermon.

M. Ch. Potvin[1] rapporte que les stalles de l'église d'East-Brent montrent une cérémonie religieuse et à côté un renard pendu par une oie.

Après de si nombreuses tournées dans les églises, le renard devait montrer son museau et continuer son rôle dans la vie civile. Il y devient tout à la fois sobriquet, marque d'imprimerie, enseigne de marchand.

En 1112, les bourgeois de Laon sont en lutte avec leur évêque, qui ne trouve pas de plus grave injure pour qualifier le chef des opposants que de l'appeler *Isengrin*.

Quelques imprimeurs du seizième siècle qui s'appelaient Lecoq ou Renart, noms fort répandus en France, prenaient pour marque de leurs livres un renard enfroqué.

---

[1] Préface du *Roman de Renart*, mis en vers. Bruxelles, 1861, 1 vol. in-18.

On voit à Strasbourg dans la rue du *Renard prê-*
*chant*, une enseigne curieuse. En l'an 1600, un certain Fuchs attirait les volailles de ses voisins en les
alléchant au moyen de morceaux de pain, puis leur
passait un nœud coulant autour du cou. Pris en fla-
grant délit, ce Fuchs fut condamné par les magistrats de Strasbourg (du moins telle est la légende)
à placer au-dessus de la porte de sa maison une ta-
blette représentant l'animal prêchant des canards
avec des vers satiriques et l'inscription : « *Ceci s'est*
*passé en l'an* 1600 *lors d'une visite de maître Re-*
*nard chez les canards.* »

Quand le renard eut lassé le ciseau et le pinceau,
l'imprimerie vint lui redonner une nouvelle vie.
Combien, depuis la Renaissance, de livres illustrés
ont popularisé les aventures du goupil sans jamais
fatiguer la curiosité des bibliophiles et du peuple ?
Avec les *Quatre fils Aymon* et *Charlemagne*, Renart
partagea longtemps la faveur des pauvres gens. J'ai
sous les yeux des livrets populaires que les Flamands
réimpriment sans cesse ; à côté se dressent les belles
éditions allemandes contenant les illustrations de
Kaulbach et de Richter.

Comme toutes les œuvres qui ont une portée, le
Roman de Renart a enthousiasmé plus d'un grand
esprit de cette génération. Les Allemands, Jacob
Grimm, Gervinus, Rothe, Gœthe placent très-haut ce

poëme, sans s'inquiéter de la considérable variété dans la ruse qui effraye quelques natures droites. Naylor y voit « la Bible profane du monde moderne; » ce qui est excessif; et Lautensberg a dit : « La sagesse profane n'a pas produit de livre plus digne d'être loué que le Renart. »

Il faut prendre garde aux enthousiastes qui créent souvent plus de détracteurs que d'admirateurs.

Renart, comme *Don Quichotte*, *Gil Blas*, *Gulliver*, *Robinson*, s'adresse à tous ceux qui ont réfléchi sur les passions et les vices de l'humanité, aux véritables penseurs et au peuple, qui pense à sa manière.

D'après une ancienne enseigne de Strasbourg.

# CHAPITRE VIII

CONSÉQUENCES DU ROMAN DE RENART SOUS LOUIS XV

En 1298, un imagier que les chroniqueurs disent « célèbre, » s'imagina de représenter sur le chapiteau d'une colonne de la nef de la cathédrale de Strasbourg des figures au moins singulières pour le lieu. C'était une parodie des cérémonies de la messe, à l'imitation des scènes du *Roman de Renart*; le sculpteur avait osé se railler des prêtres à leur face même.

Dans cette procession burlesque, un ours tenait le bénitier et le goupillon; un loup élevait la croix; derrière lui un lièvre l'éclairait de son flambeau; à la suite un porc et un bouc portaient sur les épaules une civière sur laquelle était couché un renard; sous la civière marchaient un chien et un singe. L'autre face du chapiteau représentait un âne, revêtu d'habits sacerdotaux, disant la messe devant un autel sur lequel se voyaient un calice et l'Eucologe entr'ouvert. Le diacre chantant l'Évangile n'était autre qu'un second âne auquel un singe servait de sous-diacre.

Ces figures ont été détruites. Dans une autre ville que Strasbourg le clergé les eût peut-être conservées; mais la rivalité de l'Église réformée, qui compte de nombreux pratiquants en Alsace, la publicité que la gravure donna à ces bas-reliefs, les scènes de désordre qui pouvaient en résulter, firent sans doute ordonner au dix-septième siècle la destruction de telles satires.

On a la certitude de leur conservation, en 1550, par la relation du voyage de l'historiographe Jean Wolff qui, à cette date, étant venu à Strasbourg pour visiter les curiosités de la ville, fut conduit devant ces sculptures, dont il fait mention dans son journal.

On rencontre souvent de semblables parodies sur les églises du douzième au quinzième siècle; mais elles n'offrent pas d'habitude un relief satirique si marqué.

A Strasbourg, leur caractère particulier était de se profiler en pleine lumière, dans la nef, vis-à-vis même du prédicateur, ce qui ne se remarque, je crois, dans aucune autre église.

Suivant un ancien chroniqueur, ces figures auraient été sculptées en souvenir de luttes intestines entre le clergé. « Ça été, dit-il, une zizanie et une faction fort animée entre les membres du chapitre de cette église, à partir desquels le graveur s'est prêté pour insulter aux autres sous la figure de différents animaux et de leurs différents naturels. »

Chapiteau de la cathédrale de Strasbourg
détruit au xvii<sup>e</sup> siècle.

C'est-à-dire que plus tard, des gravures d'après ce motif servirent à envenimer les passions religieuses, ainsi qu'un écrivain l'a montré récemment.

En 1573, une feuille volante ayant pour titre *Thierbilder* (figures d'animaux), parut à Strasbourg, qui était la légende explicative de la gravure des bizarres sculptures de la sculpture. Fischart, poëte satirique, auteur de ces commentaires, soutenait que ces bas-reliefs étaient une satire des pratiques superstitieuses du passé. « L'Écriture, dit-il, avait bien prédit que dans des temps semblables, à défaut des hommes, les pierres elles-mêmes crieraient. »

Un écrivain qui a étudié de près ces querelles de religion [1] ajoute : « Fischart soutenait donc que cette parodie ne pouvait être qu'une protestation de quelques gens éclairés contre l'idolâtrie papistique alors toute-puissante ; que ce « renard infernal » était le symbole du pape ; que le loup notamment figurait les faux pasteurs qui s'engraissent de leur troupeau ; le cerf, les prêtres sans cervelle ; l'âne, les cuistres ignorants et braillards comme le franciscain Nas, etc.

« Cette interprétation était bien appropriée aux passions du temps, et fit sans doute beaucoup de bruit, car Nas lui-même crut devoir y riposter d'Ingolstadt, par une explication contradictoire également rimée de ces mêmes figures, qui eut aussi un

---

[1] Ernouf, *Un précurseur du socialisme en Allemagne, Johann Fischart, sa vie et son œuvre.* (*Revue de France*, 1872.)

grand débit. Nas interprétait naturellement ces sculptures dans un sens tout opposé. Leurs auteurs, bien loin d'être des hérétiques anticipés, devenaient des fidèles que le Saint-Esprit avait favorisés du don de prophétie. Dans ce bas-relief symbolique, ils avaient accumulé et flétri d'avance les abominations de la prétendue Réforme. Dans ce système, le renard ne représente plus le pape, mais bien Luther ou Calvin; le loup est l'emblème des hommes puissants qui ont pris parti pour le schisme afin de pouvoir accaparer les domaines ecclésiastiques; l'âne avec son livre désigne les ministres luthériens psalmodiant en langue vulgaire, ou bien encore ce livre est la Confession d'Augsbourg. »

On voit à quelles interprétations diverses donnaient lieu, même au seizième siècle, ces figures de cathédrales qui, suivant les partis, devenaient tantôt injurieuses pour les catholiques, tantôt accablantes pour les luthériens. Il y a là ample matière à interprétation, suivant le point de vue où on se place; chaque adversaire prend une arme égale et en tire parti à sa convenance.

M. Thomas Wright, le savant archéologue, a rapporté à propos des figures de Strasbourg une fable du prêtre anglais, Odo de Cirington, qui vivait du temps de Henri II et de Richard Ier. Il est plus facile de se rapprocher de l'état des esprits d'alors par analogie que de s'en rapporter aux interprétations d'adversaires passionnés.

Odo de Cirington raconte qu'un jour le loup étant mort, le lion convoqua les animaux pour célébrer ses funérailles. Le lièvre se chargea de l'eau bénite, les hérissons des cierges ; des boucs sonnèrent les cloches, des taupes creusèrent la fosse, des renards installèrent le corps sous le catafalque. Berengarius (Bérenger), l'ours, célébra l'office, le bœuf lut l'évangile et l'âne l'épître. Quand la messe fut dite et Isengrin enterré, les animaux firent un festin splendide avec ce que celui-ci laissait, et se séparèrent en exprimant le désir d'assister à un autre enterrement pareil.

« Une scène, dit M. Thomas Wright, ressemblant beaucoup à celle qu'Odo a décrite ici, et n'en diffrant que par la distribution des rôles, a été traduite de quelque histoire de ce genre dans le langage figuratif des anciennes sculptures ornementales de la cathédrale de Strasbourg, où elle formait, paraît-il, deux côtés du chapiteau ou de l'entablement d'une colonne près du sanctuaire. Cependant comment faire concorder cette interprétation d'une fable ancienne avec les personnalités satiriques dont parle le chroniqueur? Odo de Cirington nous l'apprend par la moralité qui termine son récit.

« Ainsi il advient fréquemment, dit le fabuliste,

que quand meurt un homme riche, un concussion
naire ou un usurier, l'abbé ou le prieur d'un couvent de bêtes, c'est-à dire d'hommes vivant comme
des bêtes, les fait assembler. D'ordinaire, en effet,
dans un grand couvent de moines noirs ou blancs
(bénédictins ou augustins), il n'y a que des bêtes :
lions pour l'orgueil, renards pour la ruse, ours
pour la voracité, boucs puants pour l'incontinence,
ânes pour la paresse, hérissons pour l'âpreté, lièvres pour la timidité, puisqu'ils se montrent lâches
quand il n'y a pas lieu d'avoir peur, et bœufs pour
la peine que leur donne la culture de leur terre? »

Ce catalogue des vices des moines se lisait peut-
être moins clairement sculpté par les tailleurs
d'images que sous la plume des auteurs des fabliaux ; une moralité ressortait toutefois de cette
langue confuse de la parodie, telle que la parlaient
les sculpteurs du moyen âge. Certains vices étant
particuliers à presque toute la gent monacale, il
devenait facile d'en faire l'application à quelques
individualités, et le peuple voulant reconnaître
dans ce langage figuratif la satire de quelques
moines du pays, les chroniqueurs furent amenés
à conclure qu'à Strasbourg il existait des personnalités applicables à divers membres du chapitre.

Les témoignages de divisions cléricales si bizarrement constatées étaient toutefois détruits depuis

de longues années quand, en 1728, un ressouvenir des anciennes figures causa un certain scandale à Strasbourg.

Alors vivait obscurément, dans un quartier perdu de la ville, un nommé Tschernein, antiquaire de profession, qui vendait des livres et des estampes de toute nature. Ce marchand avait le malheur d'appartenir à l'Église réformée ; il y exerçait des fonctions correspondantes à celles de nos bedeaux.

Un écolier catholique étant entré, le lendemain de la Fête-Dieu de 1728, chez Tschernein, pour acheter un livre, trouva, étalées dans la boutique, des estampes d'après les sculptures satiriques de la cathédrale ; il en acheta une feuille et la montra à son professeur, qui, frappé de ces représentations impies, les remit à l'ammeistre-régent, dont l'indignation fut au comble.

Des ordres ayant été donnés, l'autorité se rendit chez le marchand, saisit divers exemplaires de ces images, fit des perquisitions pour trouver les cuivres, ferma la boutique et emprisonna Tschernein.

Quant aux estampes incriminées, elles passèrent des mains du procureur fiscal dans celles des membres du grand sénat, pour arriver à la connaissance du cardinal de Rohan, qui était venu porter le Saint-Sacrement à la procession de la Fête-Dieu de

Strasbourg. Le cardinal envoya ces estampes à la police parisienne, qui, elle aussi, partagea l'indignation générale.

Cependant Tschernein, interrogé, se défendait de son mieux, disant que les images saisies étaient de fabrication ancienne, qu'il en avait acheté le fonds d'un certain Dollhossen, son prédécesseur ; que ces gravures n'avaient rien à voir avec le luthérianisme, étant la copie de sculptures exécutées deux cents ans avant que Luther ne donnât signe de vie ; que jusqu'alors elles avaient été mises sous les yeux du public, dans un livre contenant la description des choses rares et curieuses de la cathédrale ; et qu'enfin lui, Tschernein, quoique protestant, les vendait « sans moindre mépris ni malice pour la religion catholique. »

Toutes raisons excellentes ; mais l'accusé était protestant.

Le procès s'instruisit. L'accusation reconnaissait toutefois que l'inculpé n'était ni l'auteur, ni l'imprimeur de ces « infâmes » estampes ; cependant « son délit consiste à les avoir tenues dans sa boutique à vente et d'en avoir débité ouvertement, et même dans un temps qui le rend extrêmement suspect d'affectation et de mauvais dessein, vu que le débit s'est fait le lendemain même de la procession de la Fête-Dieu, dont l'auguste solennité et magnificence choque les esprits faibles parmi les luthériens. »

Une partie du réquisitoire mérite d'être conservée : « On ne peut considérer sans horreur le corps du délit. Y a-t-il rien de plus scandaleux, de plus injurieux à notre religion, de plus impie que ces estampes ? L'accusé, tout luthérien qu'il est, devrait en avoir horreur lui-même. L'image de la croix, qu'il doit regarder, aussi bien qu'un catholique, comme l'instrument sacré de notre rédemption ; l'image du calice, qui représente la passion et la mort de notre divin Rédempteur ; le livre de l'Évangile, toutes ces choses saintes et sacrées représentées sous les pieds des animaux vils et immondes ! Comment l'accusé pourrait-il se justifier d'avoir acheté, comme il le dit lui-même, de pareilles estampes, de les avoir exposées en vente, de les avoir tenues dans sa boutique ? Quelle horrible impudence, si ce n'est pas affectation maligne et dessein prémédité de les répandre dans le public, par la vente qu'il en a faite dans une occasion où les catholiques venaient de célébrer une de leurs plus augustes cérémonies et à laquelle l'infâme image a trait visiblement. »

Il était dit encore que Tschernein, en vendant ces estampes, avait commis un crime plus grand que s'il eût « fabriqué de la fausse monnaie. »

Avec le réquisitoire il faut donner les considérants du jugement. « Le grand sénat de la ville de Strasbourg, ayant pris connaissance du procès extraordinairement instruit à la requête du procureur fiscal, demandeur et plaignant contre Jean-Pierre Tschernein, accusé, a déclaré ledit Tschernein dûment atteint et convaincu d'avoir exposé en vente et débité des estampes scandaleuses et injurieuses à l'honneur de la religion.

Chapiteau de la cathédrale de Strasbourg.

« Pour réparation de quoi, l'a condamné à faire amende honorable, nu, en chemise, la corde au col;

tenant en main une torche de cire ardente du poids de deux livres, au-devant de la porte principale de la cathédrale, où il sera mené par l'exécuteur de la haute justice, et là étant nu-tête et à genoux, déclarer qu'imprudemment et comme mal avisé il a tenu dans sa boutique, exposé en vente et débité des susdites estampes; qu'il s'en repent et en demande pardon à Dieu, au roi et à la justice. Ordonné en outre que lesdites estampes seront brûlées par les mains du bourreau en la présence de l'accusé devant ladite porte de la cathédrale ; et a été, ledit Tschernein, banni à perpétuité de la ville et de sa juridiction, à lui enjoint de garder son ban sous les plus grandes peines, et condamné en tous les dépens. »

Heureux antiquaire de s'en être tiré à si peu de frais ! Il pouvait être torturé, écartelé et brûlé vif.

Là n'est pas la question. En analysant ce procès dont je dois le texte à M. Charles Mehl, l'intelligent directeur du *Bibliographe alsacien*, je suis frappé surtout par l'effet que la représentation de figures satiriques du treizième siècle produisait au dix-huitième. La licence du moyen âge devient sacrilége, et comme tel, traitée en crime.

Nous jouissons actuellement de plus de tolérance.

# CHAPITRE IX

## LE ROMAN DE FAUVEL

 Philippe le Bel avait à lutter contre le pape, les ordres mendiants et les Templiers. Ce fut alors et pour la première fois que la satire servit d'arme à la royauté. Un poëte, François de Rues, composa le *Roman de Fauvel*, dont le type principal était un cheval[1]. En face du noble animal tous baissaient la tête et s'humiliaient : les papes, les cardinaux, les princes, les magistrats, les bourgeois et les gens du peuple.

Chacun flattait, caressait le cheval, « torchait Fauvel, « car le mot devint proverbial.

Longtemps après la vogue du poëme on disait d'un courtisan : « Il torche Fauvel. »

> De Fauvel descent flaterie
> Qui du monde a la seigneurie.

[1] *Fauvel* vient de fauve, a-t-on dit.

Fauvel fut donc la représentation du pouvoir royal, et le poëte explique pourquoi il l'a symbolisé sous l'apparence d'un animal :

Car hommes sont devenus bestes.

Ailleurs il se plaint que la « bestiauté nous gouverne. »

Comme Renart dont il semble une imitation, Fauvel s'incarne dans divers personnages ; il porte la couronne du roi et la dépose pour la tiare du pape. Cette dernière incarnation sert au héros à préciser de vives accusations contre le pape qui perçoit les dîmes au détriment de la puissance royale ; mais surtout le pamphlet fut dirigé contre les Templiers et plus d'une strophe semble avoir dicté l'acte d'accusation qui devait allumer le bûcher de Jacques Molay et de ses compagnons.

Je ne veux esquisser que très à la légère la portée du poëme ; le fait le plus curieux à observer tient à l'analogie et à la dissemblance des deux œuvres satiriques principales du quatorzième siècle : le *Roman de Renart* et le *Roman de Fauvel*. Renart a duré, Fauvel a péri.

Renart est plus libre et a moins d'attaches : sa raillerie, lors même qu'elle s'attaque à l'Église, ne ménage pas les grands ; aussi l'indépendant Renart semble-t-il avoir été moins encouragé.

Le sujet de Renart fournissait plus de motifs aux caprices des imagiers que ce cheval dont la silhouette prête médiocrement au comique. Et ce-

Miniature du *Roman de Fauvel*, d'après un manuscrit
de la Bibliothèque nationale.

pendant la représentation des aventures de Renart ne devint guère populaire que deux siècles plus tard, quand les sculpteurs des cathédrales et les artistes flamands qui taillaient les boiseries des stalles firent entrer le goupil dans leur ornementation.

Je remarque, en parcourant divers manuscrits consacrés aux deux héros, que l'exécution des miniatures du *Roman de Renart* semble plus négligée et traitée avec moins d'habileté que celles du *Roman de Fauvel*. Les érudits qui s'occupent de l'histoire des manuscrits au point de vue de l'exécution matérielle, diront un jour si des miniaturistes de talent ne furent pas payés par la cour pour rehausser par le coloris les aventures de ce Fauvel favorable à la royauté, quand on laissait aux classes moins riches le soin de commander les illustrations de Renart, peu soucieux de chanter les princes et les grands.

C'est une hypothèse, et je la donne pour telle ; mais combien, de tout temps, d'œuvres et d'hommes admirés par les hommes au pouvoir sont-ils rejetés par les petites gens, qui n'acceptent pas de mot d'ordre d'en haut pour goûter ce qui est vraiment intellectuel, c'est-à-dire ce qui s'échappe des masses et représente leurs aspirations ?

D'après un entourage de manuscrit
du xiv<sup>e</sup> siècle.

# CHAPITRE X



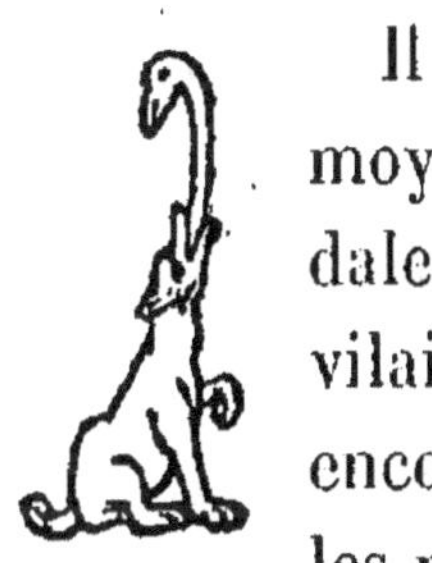Il y a deux classes bien marquées au moyen âge : la société seigneuriale et féodale, le monde savant et scolastique ; les vilains, tenus en servage, ne comptent pas encore, et j'ai longuement cherché sur les monuments trace de leurs rapports et de leur antagonisme avec la féodalité, sans la trouver. C'est à l'état isolé que d'habitude le sculpteur représente le prêtre, le seigneur, le vilain, et, à l'exception des moines souvent bafoués, il ne paraît pas que l'art se soit préoccupé de rendre sensibles ces diverses classes de la société.

Certains archéologues, même ceux dont je me rapproche le plus, et à qui je donnerais volontiers la main, c'est-à-dire les adversaires du néo-symbolisme religieux, sont tombés dans un autre travers, le néo-symbolisme révolutionnaire.

15.

J'ai commencé ces études avec l'idée que les pierres des cathédrales étaient les témoins parlants de l'état de révolte du peuple ; je les termine sans croire à une si séditieuse éloquence. Enlever à l'art des imagiers son caractère indécis et naïf, plus instinctif que réfléchi, conduit à une impasse où tout homme de bonne foi, s'avouant à lui-même qu'il fait fausse route, est obligé de revenir sur ses pas.

On ne saurait trop appuyer sur ce symbolisme plus inconscient qu'intentionnel. Le peuple qui a le sentiment du juste, du droit et du sain, mais à l'état latent, ne faisait encore que balbutier de timides accusations. Il souffrait sans pouvoir et sans oser exprimer ses plaintes. Toute exaction, tout scandale des hommes des castes privilégiées répondaient en lui, sans qu'il pût donner forme à ses plaintes, car c'est surtout aux siècles de décadence qu'apparaissent les Juvénal et les Lucien.

Pendant ces époques sans libre examen ni libre pensée, s'il entrait un rayon de lumière dans l'esprit du peuple, c'était à l'état du mince filet de soleil qui se glisse à travers les barreaux dans le cachot d'un condamné.

Un scandale éclatait dans quelque commune, qui ne se reliait à aucun autre fait de même nature; plus tard seulement, l'imprimerie devait s'emparer de ces diverses accusations pour les joindre au casier judiciaire d'une caste.

L'ensemble des plaintes n'éclata contre le clergé qu'aux époques où le pouvoir spirituel voulut prendre le pas sur le pouvoir temporel ; alors l'influence que durent exercer sur l'art les chroniqueurs, les poëtes et jusqu'aux prêtres eux-mêmes fut considérable : il n'en était pas de même au moyen âge.

Dans le concile de Sienne, sous le règne de Charles VII, un discours sur la dissolution du clergé fut prononcé, précis et sans réplique. « On voit aujourd'hui, s'écriait un des orateurs, on voit des prêtres usuriers, cabaretiers, marchands, gouverneurs de châteaux, notaires, économes, courtiers de débauche ; le seul métier qu'ils n'aient point encore commencé d'exercer est celui de bourreau !... Les évêques l'emportent, en fait de volupté, sur Épicure ; c'est entre les pots qu'ils discutent de l'autorité du pape et de celle du concile. »

Ce n'est pas un satirique qui parle, c'est un religieux. Le même orateur rapporte que sainte Brigitte, étant en extase dans l'église Saint-Pierre de Rome. vit tout à coup la nef pleine de cochons mitrés ; elle demanda à Dieu l'explication d'une si fantastique vision : « Ce sont, répondit le Seigneur, les évêques et les abbés d'aujourd'hui. »

Ces animaux immondes et coiffés de mitres, dont parle le membre du concile, font comprendre plus d'un caprice inexpliqué des manuscrits. De telles paroles, parties de si haut, devaient avoir du retentissement dans le monde chrétien : on les traduisit sur le vélin. Il y a là également quelque chose de particulièrement applicable aux sculptures des cathédrales du quinzième siècle.

La Luxure ne fut pas seulement mise en lumière par les troubadours et les poëtes ; sculptée avec autant de réalité sur les monuments que les représentations priapiques des anciens, quelquefois un ressouvenir d'art antique se glisse dans de confuses bacchanales où s'agitent des satyres et des moines. Il est difficile d'en donner une idée par la gravure, mais la traduction suivante suffit : « Si j'étais mari, s'écrie le troubadour Pierre Cardinal, je me garderais de laisser approcher de ma femme ces gens-là ; car les moines ont des robes de même ampleur que celle des femmes : rien ne s'allume si aisément que la graisse avec le feu. »

La tentation, il est vrai, était forte. Peu de pays où un couvent de nonnes n'avoisinât une abbaye de moines. Une vie sans fatigue, une nourriture abondante favorisaient les rapprochements avec les religieuses dont parle Rutebœuf dans *la Chanson*

Miniature d'une Bible historiale (n° 167)
de la Bibliothèque nationale.

*des Ordres.* Suivant lui, frères quêteurs, jacobins, moines de Cîteaux, cordeliers, carmes,

> . . . . Sont près des Béguines,
> Ne lor faut que passer la porte.

Le jugement criminel rendu à Strasbourg, au dix-huitième siècle, contre Tschernein, le libraire protestant, et dont j'ai fait l'objet d'un chapitre précédent, mentionne une porte d'airain de la cathédrale, construite en 1543, qui existait encore en 1728 : « On voit, dit le rapporteur, dans un petit carré en sculpture la représentation d'un couvent ; les moines en sortent avec la croix et les bannières, et vont au-devant d'un de leurs frères, qui leur apporte une fille qu'il tient sur ses épaules. J'ai vu moi-même cette figure. »

Érasme, qui n'aimait pas les moines et qui les connaissait bien pour avoir été lui-même au couvent, a criblé cette luxure de mots spirituels. Parlant de « moines épais dont le ventre est toujours tendu de nourriture, on les appelle *pères*, dit-il, et ils font souvent en sorte que ce nom leur soit bien appliqué[1]. »

Les Bibles manuscrites sont remplies de semblables sujets : luxure, débauche et gourmandise, et je n'ai eu que l'embarras du choix pour donner un

---

[1] Colloque *Virgo* μισόγαμος (la vierge ennemie du mariage.)

échantillon d'un miniaturiste du quatorzième siècle, qui, à diverses reprises, glisse au milieu de pieux sujets, comme une chose naturelle, des moines en contact trop rapproché avec de jolies filles, et par conséquent exposés, aussi bien que les laïques débauchés, à payer leur faute par les flammes de l'enfer.

Ces remontrances ne s'arrêtèrent qu'à la Révolution, qui poussa un dernier éclat de rire à la vue des moines sortant de leurs couvents pour rentrer dans la vie civile ; elles avaient duré quatre siècles, jusqu'à l'abolition définitive des vœux.

Il ne faut pas croire toutefois que la luxure, représentée sur les murailles des églises, s'attaquât seulement aux moines : hommes et femmes de toutes classes sont dévorés par cette luxure, qui, sous la forme d'un serpent, ronge les parties coupables. Nul vice n'a été indiqué si fréquemment et avec autant de rigueur par les imagiers[1].

Il en est deux autres cependant que les sculpteurs reprochent particulièrement aux bourgeois et aux gens du peuple : l'avarice et l'ivrognerie. A l'église de Saint-Pierre sous Vézelay, sur un cul-de-lampe qui reçoit les faisceaux de colonnes portant les arcs

---

[1] Quelquefois la luxure est traitée de moins haut et plus cyniquement. A Notre-Dame de l'Épine, près de Châlons-sur-Marne, une sculpture de l'abside représente, me dit-on, une paysanne qui se trousse. Le même motif se trouve sur divers monuments ; d'autres symbolisent la femme de mauvaises mœurs par une louve.

des voûtes de la nef, on voit une figure curieuse, œuvre des écoles des sculpteurs bourguignons des douzième et treizième siècles.

Sculpture de l'église Saint-Pierre-sous-Vézelay
(fin du xii<sup>e</sup> siècle).

« Ce cul-de-lampe, dit M. Viollet-le-Duc, représente un vice, l'avarice, sous la forme d'un buste d'homme au cou duquel est suspendue une bourse pleine ; deux dragons lui dévorent les oreilles, restées sourdes aux plaintes du pauvre. »

Le prêt de l'argent, un métier de l'époque, a été particulièrement stigmatisé par les miniaturistes. Une *Bible historiale* et une *Bible moralisée* (manu‑

scrits n^os 166 et 167 de la Bibliothèque nationale) contiennent des représentations fréquentes du maniement de l'or, de l'usure, de la débauche engendrée par les richesses. Quand l'or brille dans un coffre ou dans la main d'un des personnages, aussitôt apparaît le diable qui, comme un commissaire de police saisissant les enjeux dans un tripot, pose sa griffe sur l'épaule du riche et ouvre une large gueule pour l'avaler ; mais c'est dans les poëtes qu'il faut en chercher le sens comique, comme dans les *Patenôtres de l'usurier.*

« Je vais à l'église, dit l'homme à sa femme ; s'il vient quelqu'un pour emprunter, qu'on accoure bien vite me chercher, car il ne faut quelquefois qu'un moment pour perdre beaucoup. »

En chemin il commence sa patenôtre : « *Pater Noster.* Beau sire Dieu, donnez-moi donc du bonheur et faites-moi la grâce de bien prospérer : que je devienne le plus riche de tous les prêteurs du monde.

« *Qui es in cœlis.* J'ai bien du regret de ne pas m'être trouvé au logis le jour que cette bourgeoise vint pour emprunter. Je peux dire que je suis fou quand je vais à l'église, où je ne gagne rien.

« *Sanctificetur nomen tuum.* Je suis bien fâché d'avoir une servante si alerte à gaspiller mon argent.

« *Adveniat regnum tuum*. J'ai envie de retourner à la maison pour savoir ce que fait ma femme. Je parie qu'en mon absence elle se paye quelque poule ou quelque poussin.

« *Fiat voluntas tua*. Je me rappelle que ce chevalier qui me devait cinquante livres ne m'en a payé que la moitié.

« *Sicut in cœlo*. Ces damnés juifs font rudement leurs affaires en prêtant à tout le peuple. Je voudrais bien faire comme eux.

« *Et in terra*. Le roi me tourmente bien en prélevant si souvent des tailles. »

L'homme arrive à l'église, commence son *Pater* ; mais à peine le prédicateur est-il monté en chaire que l'usurier crie *Amen* et se sauve chez lui. « Je m'en veux retourner, dit-il. Le prêtre va sermonner pour traire notre argent de la bourse. »

L'ivrognerie est presque aussi fréquemment répétée sur les murs des églises que l'avarice ; les sculpteurs ne manquaient pas de modèles de buveurs. A l'église Saint-Gille à Malestroit, on voit un bas-relief, symbole de l'ivrognerie. Un homme introduit sa langue par la bonde d'un tonneau, comme pour le humer tout entier.

Cette représentation des vices conduit naturellement aux fautes ; mais celles-ci sont traduites d'une façon familière, à la flamande : ainsi à l'église Notre-

Dame de Saint-Lô, dans la Manche, par le maître d'école qui donne le fouet à un enfant, le sculpteur a sans doute voulu symboliser la désobéissance, la paresse.

Figure de l'église Saint Gille, à Malestroit (Bretagne).

Un artiste, M. Bouet, m'indique à l'église de la Trinité, à Falaise, un support de gargouille qu'il croit représenter la *Dispute de la culotte*, symbolisation suivant lui d'un vice, la Discorde. Le quinzième siècle fut prodigue de ces scènes domestiques ; à l'imitation des conteurs de fabliaux, de nombreuses sculptures témoignent des débats de l'homme et de la femme, et le plus souvent, comme dans le bas-relief suivant, le vieil homme est conduit par la jeune fille.

M. Charles Magnin fait observer que, jusqu'au quinzième siècle « le serf difforme avait été le type grotesque de la statuaire hiératique ; par représail-

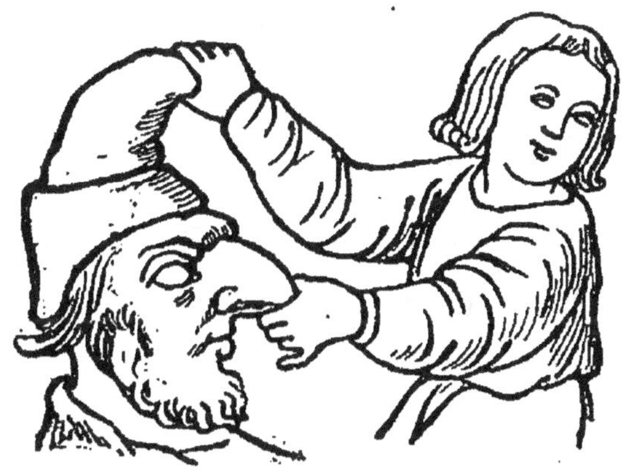

Sculpture du portail de l'église de Ploërmel, d'après un dessin communiqué par M. Bouet.

les, le moine fut le type bouffon de la sculpture après Luther ». De chaque côté de l'arcade du portail de l'abbaye de Saint-Denis sont posés des personnages que M. Magnin explique ainsi : « Ces petites figures sont de véritables types : la laideur de ces figures était consacrée comme celle des masques des anciennes comédies grecques ; mais on ne s'aperçoit de leur caractère typique que quand on les voit invariablement reproduites sur les portes de presque toutes les abbayes des onzième et douzième siècles [1]. »

[1] *De la statue de la reine Nantechild.* (*Revue des Deux-Mondes,* 1832.)

16.

Un autre archéologue, M. Saunier, force encore la note : « Dans la plupart de ces représentations, on remarque certains personnages grotesques, qu'à leur attitude pénible et à leur face grimaçante, on pourrait prendre pour des diables, mais qu'à leur forme et à leur mise, qui n'ont rien que d'humain, on reconnaît être des serfs. La laideur de ces figures était consacrée, car on les voit invariablement reproduites dans la même attitude et toujours à la même place sur les portails des abbayes des onzième et douzième siècles. Les moines s'étaient plu à ridiculiser ainsi le malheureux que sa position dans l'échelle sociale mettait sous leur dépendance, et à en faire le plastron des railleries de l'époque. Le quinzième siècle vient venger le serf transformé en homme libre, en bourgeois, en artiste, en produisant de satiriques représailles. C'est à cette époque que le sarcasme contre les gens d'Église et les moines prit sa place au portail, sur les murs et jusque sur les stalles de l'église elle-même. »

Chaque époque a sa façon de voir, de sentir et d'interpréter. On s'est beaucoup moqué des peintres et des poëtes de la Restauration qui croyaient interpréter la Renaissance : la noble dame et son blanc palefroi, les tuniques abricot à crevés, les destriers et les toques crénelées constituèrent un troubadourisme de convention dont s'égayèrent à juste titre les romantiques. J'ai peur que le serf condamné par l'Église à la situation dégradante de cariatide ne commence également à passer de mode.

Corbeau de l'église basse de Rosnay (Aube), (xiie siècle),
d'après un dessin de M. Ch. Fichot.

Dans ce personnage soutenant une voûte, faut-il vraiment plaindre le serf courbé sous le poids de l'Eglise ? On peut y perdre quelques phrases à effet ; mais ici, comme dans bien d'autres monuments, le sculpteur a tenté, je crois, de corriger l'inflexibilité de lignes géométriques par l'adjonction d'un caprice ornementatif. Libre aux partisans du néosymbolisme révolutionnaire de gémir à la vue de ce monument sur les souffrances de l'homme du peuple ; j'y vois un cul-de-lampe de fantaisie. Le public prononcera ayant les pièces sous les yeux.

Toutefois l'époque ne se passa pas sans représailles du vilain contre le seigneur. Le serf était aussi pressuré par le seigneur que par le moine, et l'esprit de révolte pointait à l'égard des grands à la fin du moyen âge. Quand le poëte du *Roman de la Rose*, Jean de Meung, dit des princes :

> Car leur cors ne vaut une pome
> Plus que li cors d'un charetier,

alors un principe égalitaire est affirmé qui dénote peu de respect pour le trône. Certains monuments, mais plus rares, témoignent de semblables hardiesses.

Quelques sculptures représentent les rois et les empereurs entraînés dans les enfers. Dans la figure ci-contre on croit que le sculpteur a voulu représenter sur le portail de l'église Saint-Urbain, le clergé, la noblesse et le peuple. La diablesse entraîne avec le pape, le roi et un personnage au cou duquel pend un gros sac d'écus. C'est encore une répétition du symbole de l'avarice. Ces sculptures contre la royauté étant rares, on en a conclu que l'oppression civile était moins dure que l'oppression religieuse ; les cahiers de doléance du peuple aux approches de 1789 témoignent du contraire.

Bas relief du portail de l'église Saint-Urbain, à Troyes.

# CHAPITRE XI

## MINIATURES DE MANUSCRITS

A dater du commencement du quatorzième siècle, l'intention comique perce et devient lucide dans certaines miniatures de manuscrits.

Les grands dépôts publics sont pleins de richesses d'ornementations grotesques, principalement dans les entourages de pages; et rien que ces détails fourniraient matière à un ouvrage intéressant si la rédaction des catalogues était mieux comprise.

Il arrive souvent qu'un manuscrit historié contient des miniatures sérieuses en regard d'entourages où des bamboches se livrent à mille caprices. Ces motifs, à part quelques exceptions, ne sont pas signalés dans les catalogues de nos grandes bibliothèques. L'homme de bonne volonté qui voudrait donner un échantillon du Caprice aux divers siècles, en est réduit à compulser au hasard et à fatiguer le zèle des conservateurs. J'avertis donc que tout en comprenant l'importance de ces croquis, j'ai dû aller un peu à l'aventure.

Une idée plaisante, la parodie de l'homme par les animaux, dont on voit les premiers jalons sur les monuments, se complète dans l'esprit des peintres. C'est la truie qui file, dont le symbole

D'après un manuscrit du xive siècle.

s'est perpétué pendant près de six siècles, car on en trouve encore quelques reproductions sur les enseignes d'anciennes villes. C'est un animal, loup ou renard, brouettant un limaçon, comme dans le ma-

D'après un manuscrit de la bibliothèque de Cambrai.

nuscrit du quatorzième siècle, de Cambrai, dont le motif semble emprunté à une pierre gravée antique.

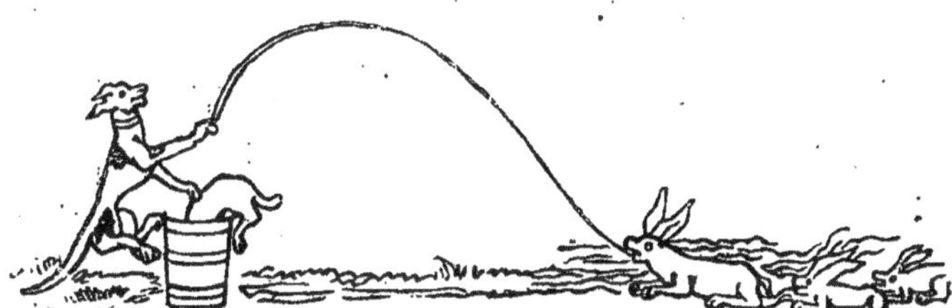

D'après un manuscrit du xiv<sup>e</sup> siècle,

La chasse est en grand honneur au quatorzième siècle : voilà un chien qui imite ses maîtres ; seulement, par une bizarrerie dont le sens est peu clair, le chien prend des lièvres avec une ligne (p. 193).

Il est regrettable que M. Champollion-Figeac à qui on doit connaissance d'un certain nombre de semblables miniatures, n'ait pas indiqué leur provenance[1]. Ces peintures sont quelquefois d'une invention si particulièrement malséante, qu'il est utile de savoir si elles font corps avec un manuscrit sacré ou profane.

M. Ed. Fléury, dans ses beaux travaux sur les manuscrits[2], n'a pas obéi à un tel système, et si l'auteur avait étendu ses investigations à d'autres bibliothèques que celles de l'Ille-de-France, nous aurions aujourd'hui une importante série de documents à l'aide desquels les sujets des miniatures mis en regard pourraient être élucidés plus facilement.

Dans un manuscrit du quatorzième siècle de la bibliothèque de Soissons, le *Missale Suessionnense,*

---

[1] *Louis et Charles d'Orléans. Leur influence sur les arts,* in-8, 1844. Les planches de cet ouvrage sont troublantes pour l'érudit ; M. Champollion-Figeac a détaché de petites figures de compositions de miniatures, sans y joindre aucun renseignement, et ce n'est qu'à l'aide de M. Michelin, conservateur du département des manuscrits à la Bibliothèque, que j'ai pu retrouver certaines sources où a puisé l'auteur de *Louis et Charles d'Orléans.*

[2] *Les Manuscrits à miniatures des bibliothèques de Laon et de Soissons,* 2 vol. in-4°, avec figures, 1863-1865. Didron, Dumoulin.

on trouve un spirituel caprice, qui certainement contient une arrière-idée de ridiculiser les tournois. Un lièvre et un coq, la lance en avant, le bouclier protégeant le corps, se précipitent à toute vitesse l'un contre l'autre et s'envoient de vigoureux coups d'estoc. Le lièvre est monté sur un chien, le coq sur un renard ; à l'exemple du Bertrand de Robert-Macaire se sauvant sur le cheval du gendarme, les deux animaux timides ont enfourché leurs redoutables adversaires.

Ces parodies de tournois furent également sculptées et peintes dans d'autres endroits. On voyait jadis, sur une cheminée de l'hôtel de Jacques Cœur, à Bourges, un carrousel de chevaliers montés sur des ânes. Un archéologue, qui a dessiné la cheminée avant qu'elle fût détruite, dit à propos des figures : « Malgré le respect que l'on devait avoir pour ces nobles exercices (les tournois), nous trouvons ici la farce la plus grotesque qu'il soit possible de voir ; ce ne sont pas de brillants et valeureux chevaliers, portant de pesantes armures et montés sur de fougueux coursiers, mais de simples paysans, sur de paisibles baudets, ayant pour rondaches des fonds de paniers et des cordes pour étriers. Les valets et les hérauts d'armes sont des garçons de ferme et des porchers ; l'un porte un faisceau de bâtons ; un autre sonne du cornet à bouquin ; l'un des cham-

D'après le *Missale Suessionnense*,
manuscrit de la bibliothèque de Soissons (xive siècle).

pions a la figure cachée par une espèce de camail
et porte à son chapeau une plume de coq : tels
étaient peut-être les délassements du peuple, car
les hommes du peuple ont toujours cherché à
copier les grands. Il est probable aussi que ce
ne soit qu'un caprice des sculpteurs qui, à cette
époque, mettaient un certain mérite à produire des
objets fantastiques, propres à récréer les oisifs[1]. »

Ainsi les tournois perdaient de leur crédit dans l'es-

Miniature de l'*Histoire de Saint-Graal* (xive siècle).

prit du peuple. L'idée de parodie n'est-elle pas bien
marquée dans un manuscrit du quatorzième siècle[2],

---

[1] Hazé, *Notices pittoresques sur les antiquités et les monuments du Berry*, in-4°, Bourges, 1840.

[2] *Histoire de Saint-Graal, jusqu'à l'empire de Néron*, à la Bibliothèque nationale.

où une femme à cheval combat avec son fuseau contre un chevalier?

On trouve également à la bibliothèque de Cambrai, dans le *Recueil de chants religieux et profanes*, manuscrit flamand, daté de 1542, une miniature représentant, casque en tête, bouclier au bras, des enfants à cheval sur des tonneaux traînés par une bande de galopins, jouant au tournoi.

Un érudit, qui pourrait comparer les divers manuscrits des grands dépôts de l'Europe, apporterait certainement de vives lumières sur ces courants satiriques de diverses époques, si l'initiative individuelle suffisait à de pareilles recherches ; mais ne court-elle pas grand risque d'être abattue, quand elle est si peu protégée par ceux qui parlent sans cesse du développement intellectuel et ne le favorisent qu'en paroles ?

C'en est assez des gens de cour qui ne rêvent qu'armes et combats, et font bâtir des salles d'armes à la place de bibliothèques. Ces brutes et ces soudards, pour mépriser l'intelligence et ne reconnaître que la force, sont à juste titre raillés par les miniaturistes et les sculpteurs. Aux nobles coursiers des tournois le sculpteur substitue des ânes, et les chevaliers sont remplacés par des lièvres.

De semblables caprices devaient conduire naturellement à l'idée du *Monde renversé*, un cliché

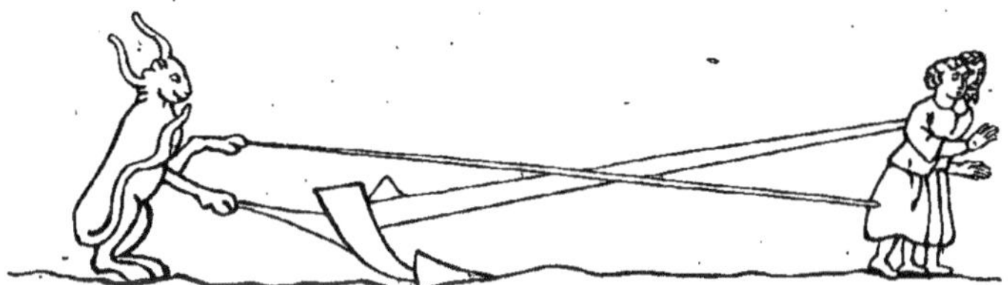

D'après un manuscrit de la Bibliothèque nationale (xivᵉ siècle).

que les caricaturistes ont reproduit si fréquemment. Le bœuf dirigeant une charrue, traînée par deux laboureurs, le lièvre qui emporte triomphalement le chasseur au bout d'un bâton, sont des miniatures du quatorzième siècle et on en trouve aujourd'hui encore des redites dans la collection des images d'Épinal.

D'après une ancienne miniature.

Un manuscrit du quatorzième siècle, de la Bibliothèque, renferme une miniature d'un ordre plus important qui semble le point de départ des railleries contre la toilette des femmes, sujet que les prédicateurs prenaient souvent pour thème.

Une noble dame donne un dernier coup à ses atours, entourée de femmes de chambre, qui ne sont autres qu'une légion de petits diables accourus pour la servir ; l'un présente un miroir, l'autre peigne sa chevelure. Deux diablotins relèvent la traîne de sa robe ; d'autres, nichés dans l'ouverture des manches, soufflent dans des instruments de musique, en signe des plaisirs auxquels la dame est appelée. (Voir page 209.) Cette miniature est la symbolisation des pompes du monde auxquelles Satan convie habituellement la femme.

Dans un autre manuscrit du treizième siècle, les enfants paresseux sont représentés sous forme de singes étudiant en classe, pendant que le magister lève un gros paquet de verges sur le plus indiscipliné de la bande.

Rien qu'au point de vue de l'étude des mœurs, l'érudit, le philosophe, le savant, trouvent dans l'étude des manuscrits toute une mine de détails précieux, à la condition de n'y pas attacher plus d'importance que les miniaturistes qui égayaient leur besogne par un trait plaisant.

Le meilleur commentateur en pareille matière sera le plus humble. Il devra plus dessiner qu'écrire, et les inductions les plus ingénieuses ne vaudront jamais le calque d'un croquis de ces peintres patients.

Quant à ce qui touche aux choses du métier, et quoique le peintre se laissât aller à sa libre fantaisie, j'imagine cependant que la besogne était divisée comme pour les sculpteurs de cathédrales, les uns *tailleurs-imagiers* ou sculpteurs de statues, les autres *tailleurs-folliagers* creusant dans la pierre les feuillages, les ornements et les rinceaux. Il y

D'après le manuscrit n° 95 de la Bibliothèque nationale
(XIIIᵉ siècle).

avait sans doute des miniaturistes chargés de traiter les sujets pieux et d'autres ornemanistes pour
égayer les sujets bibliques par des caprices. Comment expliquer que le même peintre qui dessinait
une Annonciation, la Vierge en prières et un Ange
lui annonçant la bonne nouvelle, ait pu ajouter dans
l'entourage de la miniature un Fou qui se frappe
sur la fesse ?

« Le but, dit M. Le Roux de Lincy, que se propo-
sait, croit-on, l'artiste, était de représenter au lecteur pieux les vices, les mauvaises pensées auxquels il était le plus enclin[1]. » Il me paraît difficile
à admettre que, dans un Livre d'Heures exécuté
spécialement pour la dame de Saluces, le Fou en
question fût appelé à dissuader la noble dame de se
frapper sur un endroit inconvenant, pour la dési-
gnation duquel les Anglais ne trouveraient pas
assez de circonlocutions.

Du quatorzième au quinzième siècle, époque à
laquelle furent exécutées ces miniatures, l'art toutefois ne se pique guère de pruderie. Un pinceau
naïf et innocent retrace de bouffons *obscœna* qui
ne troublent en rien les yeux d'une grande dame
ouvrant son Livre d'Heures à l'église.

Il ne faut pas porter au compte des siècles passés

---

[1] Le Roux de Lincy, *Notice sur la vente Yemeniz.*

notre science d'impuretés, qui a donné naissance à un *cant* hypocrite plus immoral que l'immoralité même.

D'après une lettre ornée d'ancien manuscrit.

Manuscrit de la Bibliothèque (xive siècle),
d'après un dessin communiqué par M. Alfred Darcel.

# CHAPITRE XII

En 1854, un jeune archéologue
lorrain avisa, dans un magasin à
poudre de Metz, qui fait partie d'anciens bâtiments appartenant aux
Templiers, des fresques sur une
poutre dont à juste titre il récla-
mait la conservation. Ces peintures ont été décrites
par M. de Saulcy avec une telle précision, qu'en-
treprendre d'en donner une meilleure indication
serait la preuve d'une vanité excessive.

« Elles présentent, dit-il, tout ce que l'imagination du peintre peut enfanter de plus grotesque;
c'est une longue procession d'animaux réels et fantastiques dans des attitudes variées. Ceux qui figurent les premiers, tournant le dos à la muraille

212         HISTOIRE

dans laquelle sont percées les fenêtres, sont un chat et peut être un veau, dressés sur leurs pattes de derrière : le troisième semble un énorme verrat moucheté de noir, mais à la tête tout à fait fantastique ; vient ensuite une autruche, puis un renard dressé sur ses pieds de derrière marchant à la suite d'un coq ; devant celui-ci paraissent trois animaux dressés sur leurs pattes, et que je ne reconnais pas. Celui du milieu, qui se distingue par une queue monstrueuse, semble jouer avec un bâton.

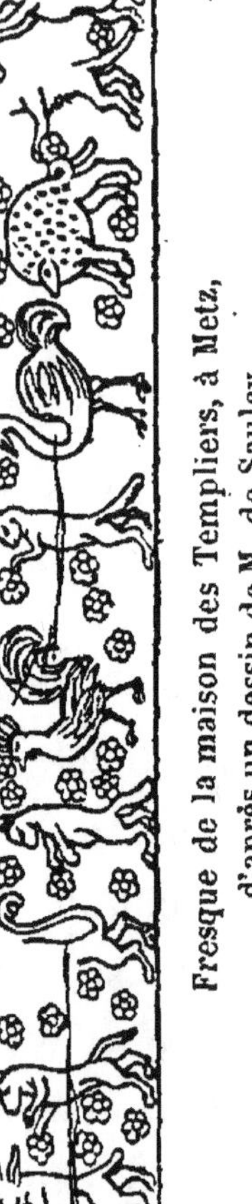

Fresque de la maison des Templiers, à Metz, d'après un dessin de M. de Saulcy.

« Ce groupe est précédé par un lièvre qui porte un triangle entre ses pattes de devant, puis par un griffon tenant un objet indéterminé entre ses griffes. Les deux animaux suivants sont fort effacés ; on reconnaît cependant au premier des cornes énormes, et le second semble jouer des cymbales. Vient ensuite une licorne portant un paquet sous la patte droite de devant ; peut-être est-ce une musette qu'elle tient ainsi.

Un singe marche devant et jette en l'air un bâton qu'il s'apprête à rattraper; puis paraît un renard qui tient un livre ouvert : un veau lui succède et porte un objet indéterminable. En avant se voit un ours qui semble écouter avec attention un renard tourné de son côté et gesticulant dans une sorte de chaire à prêcher; un autre animal, adossé à ce renard, est également placé dans une chaire et lève les pattes vers un animal fantastique, moitié lièvre, moitié daim, qui s'appuie sur un long bâton et porte de la patte droite un calice élevé. Un renard qui marche derrière celui-ci semble le tenir avec une double corde.

« Plus loin paraît, dans une tente et sur un lit de repos, un veau nonchalamment appuyé sur les pattes de devant, dont il se fait un oreiller; un léopard semble adresser la bienvenue à un énorme chien, qui s'appuie sur un bâton de voyage et porte son paquet sur le dos. Vient ensuite un animal mar-

Fresque de la maison des Templiers, à Metz.

chant aussi à l'aide d'un bâton et entraînant derrière lui avec une corde un porc, qui semble
faire les plus grands efforts pour
résister et pour s'accrocher aux
pattes d'un autre animal bizarre, qui paraît vouloir le rete-
nir. Enfin un sanglier est en-
chaîné à une espèce de poteau.

« Telle est la série des scènes
burlesques que le peintre a tra-
cées sur la poutre. Ces représentations avaient-elles une signification mordante, ou ne sont-elles
que les fruits d'une imagination
capricieuse d'artiste? Je laisse à
de plus habiles le soin de le dé-
cider [1]. »

La signification des curieux
dessins que M. de Saulcy offrai
à la science archéologique n'a
pas été donnée, quoique la découverte de ces fresques remonte
à l'année 1834. Et pourtant il me
semble facile de répondre aux
questions que se posait l'érudit sur le caractère de
parodie ou purement capricieux de telles figures.

Fresque de la maison des Templiers, à Metz.

---

[1] *Mémoires de l'Académie de Metz*, 1834-35.

Que ces sujets et bien d'autres de même nature qui se remarquent sur les manuscrits, le bois, la pierre, les vitraux, soient les jeux d'une imagination confuse, ce qui me frappe tout d'abord dans cette procession d'animaux est l'analogie absolue avec ceux des papyrus égyptiens que M. Lepsius et les égyptologues appellent « satiriques ». Certaines figures de Metz semblent calquées sur célles du papyrus de Londres, ainsi le renard en voyage, un paquet sur le dos, un bâton à la main. J'ai donné dans l'*Histoire de la Caricature antique* trop de détails à ce sujet pour y revenir.

Fragment d'un papyrus égyptien du British-Museum.

Ici le moyen âge se rencontre avec l'Égypte ancienne, et on se demande s'il est possible que des compositions découlant de civilisations si diverses aient pu naître, à la fois, dans deux imaginations par le seul fait du hasard. De semblables analogies ne peuvent exister sans point de jonction. Aussi à travers les arts suit-on un fil conducteur, comme à travers les langues des peuples, leurs traditions et leurs religions.

J'ai montré qu'au début l'art chrétien n'est souvent séparé que par un court trait d'union de l'art païen : dans l'aurore du christianisme se fondent les derniers rayons du paganisme ; mais ici je remarque un fait semblable à ceux qu'ont si souvent consignés les physiologistes qui s'occupent d'hérédité. L'art fait un retour en arrière et le curieux peut suivre la courbe qui du moyen âge va directement à l'Égypte ancienne, ce qui s'explique par la vie agitée des Templiers, non sans rapport avec celle des Saint-Simoniens pendant sa courte période.

Les Templiers avaient beaucoup voyagé, en Orient particulièrement. L'un d'eux rapporta vraisemblablement d'Égypte le souvenir de ces représentations d'animaux, qu'il traduisit ou fit traduire par un peintre pour la décoration de la maison de Metz.

De symbole, je n'en vois pas. La parodie des actions de l'homme par l'animal, sur laquelle reviennent fréquemment les anciens, suffisait à une idée décorative. Je n'ose entrer dans les connaissances cabalistiques des Templiers, qui auraient sondé les mystères de la religion égyptienne. Le fait de la poutre historiée me suffit, et les dessins bien plus encore que les commentaires.

De même qu'un grain de blé conservé pendant des siècles dans le tombeau d'un Sésostris peut germer et donner des épis sur une terre française, de même certains papyrus égyptiens fournirent des motifs à l'artiste du douzième siècle.

Modillon
de l'église de Poitiers.

# CHAPITRE XIII

C'est surtout en architecture militaire que les caprices sont rares; naturellement peu de place était réservé à une ornementation dans des édifices où les lignes et les angles sévères de chaque pierre concourent à une utilité immédiate. Rien ne donnait à croire que ces ouvrages de défense pussent trouver place dans une *Histoire de la Caricature* si mon ami, M. Lorédan Larchey, n'avait recueilli les détails principaux de la tour Desch, à Metz, qui a fourni des dessins à son intéressante publication des *Origines de l'artillerie française* [1].

Au commencement du seizième siècle, des sei-

---

[1] In-4°, 1863.

gneurs messins, du nom de Desch, firent élever à leurs frais une casemate avancée pour protéger la citadelle. Cet ouvrage fortifié était percé de canonnières dont a donné une description exacte M. Larchey :

« Des trous ronds, appelés *canonnières*, servaient au tir de l'artillerie renfermée dans les tours. Ces canonnières affectent en général la forme d'un entonnoir qui va se rétrécissant du côté des servants de la pièce comme une lorgnette dont on a tiré les tubes. Cette disposition présentait l'avantage d'élargir le rayon visuel en offrant moins de prise aux projectiles ennemis ; nous en avons surtout remarqué la trace dans un petit réduit fortifié qui défen-

Canonnière de la tour Desch, à Metz,
d'après un dessin de M. Lorédan Larchey.

dait les approches de la porte des Allemands à Metz, et que le génie militaire a eu la bonne pensée de conserver intact. C'est un spécimen excessivement curieux d'ailleurs des caprices artistiques qui pouvaient, au commencement du seizième siècle, concourir aux travaux de défense d'une place. Les cinq canonnières dont le réduit en question est garni, présentent des sculptures semblables à celles dont, vers la même époque, les architectes italiens enjolivaient parfois les portes et les fenêtres. Quatre d'entre elles montrent d'effroyables ou de sataniques figures, qui semblent, en roulant de gros yeux, s'efforcer de cracher encore leurs projectiles. La cinquième, d'une allégorie plus saisissante mais d'un goût moins relevé, est une émanation directe de la grosse gaieté de nos pères. Elle représente un guerrier fort chevelu et fort déculotté, dont le derrière menaçant se charge aussi d'annoncer la canonnade à l'ennemi. »

Sculpture de la tour Desch, à Metz.

Sur une pierre d'angle de la même casemate, un homme avale un boulet, comme pour se moquer des projectiles que lui envoie l'ennemi. (Voir figure page 218.)

On remarquera sur le chapeau de l'homme, et

aussi sur le bas-relief du personnage sans-façon
qui envoie une décharge tout à fait particulière
aux assiégeants, des représentations de *guimbarde*,
instrument de musique jadis cher aux Lorrains et
aux Alsaciens. Ces guimbardes, sculptées à divers
endroits sur le monument, faisaient partie du blason des Desch, qui, par ce détail ont voulu conserver la mémoire de la part personnelle qu'ils
avaient prise à l'érection de la casemate.

La tour Desch,
d'après un croquis de M. Lorédan Larchey

# CHAPITRE XIV



FIGURES SATIRIQUES ET FACÉTIEUSES DES MONUMENTS CIVILS

Ce fut seulement à la fin du quinzième siècle que la commune, assez riche pour élever à son tour un hôtel où s'assemblaient ceux qui s'intéressaient aux besoins de la cité, prit une certaine importauce, comme le prouvent les *maisons de ville* du nord de la France.

Un des édifices qui me paraît un des plus curieux spécimens de l'architecture civile en France, surtout par les nombreux caprices de son ornementation, est l'hôtel de ville de Saint-Quentin. Sur la façade courent des sujets fantasques analogues à ceux des églises.

« Les cent soixante-treize statuettes et figurines que j'y ai comptées en 1836, dit M. Didron qui étudia le monument de près, représentent des sujets de fabliaux, des animaux qui prêchent, des coqs qui se battent, des cochons qui mangent des glands, des lapins et des chèvres qui broutent des herbes potagères et des feuilles d'arbustes, des écureuils qui épluchent des pommes, des singes montés sur des échasses et qui font mille grimaces aux passants.

« La chauve-souris, le moineau, le chien, le cochon, c'est-à-dire les oiseaux vulgaires et les bêtes de basse-cour, abondent sur cet édifice. Ils répon-

Figurine de la façade de l'hôtel de ville de Saint-Quentin
(xvi<sup>e</sup> siècle).

dent à des gens plus laids et plus grimaçants que des singes, à des bourgeois et à des bourgeoises non moins laids et qui font des actions communes ou indécentes, à des paysans plus orduriers encore.

« Je sais bien qu'on y voit des animaux plus nobles, des aigles et des griffons. J'y ai même noté six anges qui font de la musique; on y trouve le Soleil et la Lune, la Sainte-Face de Véronique et la figure de Notre-Seigneur. Mais ce sont de véritables caricatures. On les voit là sculptés, comme on les trouve décrits ou mis en action dans les fabliaux recueillis par Méon et Barbazan. Si ce n'est pas impie, c'est trivial et ridicule.

« D'ailleurs, ce qui domine dans cette foule, ce qui accentue tout le monument, c'est le chat et la souris, le chien et le singe, le coq et la poule, le lapin et le cochon; le gros homme ventru qui montre sa bedaine quand il ne fait pas voir autre chose; l'ivrogne qui perce un tonneau et s'enivre; la bourgeoise qui rit et se pince le nez avec des lunettes; la femme qui accomplit en public des actes que la plus grosse indécence n'a jamais permis [1]. »

La description serait exacte si M. Didron n'avait pas exagéré la liberté des détails de l'ornementation de la façade.

Qu'aurait-il dit de l'hôtel de ville de Noyon, où

_________

[1] *Annales archéologiques*, 1851.

un fou accroupi, la culotte bas, remplit les mains
d'un homme, peut-être d'un moine, d'un dépôt que
les gens grossiers n'abandonnent habituellement
qu'au coin des ruelles? La sculpture est d'une
exécution délicate, l'idée ne l'est guère; mais si
on pense aux « bons tours » de Tiel Vlespiègle,
qui, à la même époque, avaient le privilége d'a-
muser les nations les plus civilisées de l'Europe,
on s'étonnera moins qu'un tel détail fasse partie
de la décoration d'un hôtel de ville.

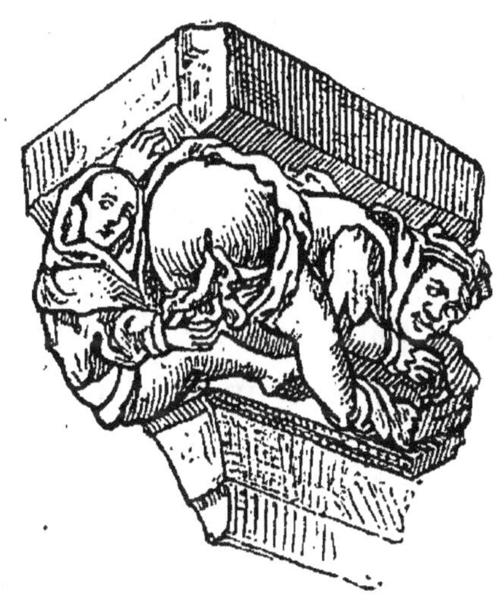

Corbeau de l'hôtel de ville de Noyon (fin du xvᵉ siècle).

Les sculpteurs n'avaient guère été plus réservés
dans leur ornementation du château de Blois. Aux
fenêtres de la chambre à coucher de Louis XII, à
ces mêmes fenêtres où le roi se plaisait, dit-on, à
s'entretenir avec son premier ministre, le cardinal

d'Amboise, dont l'hôtel était en face, les retombées de l'encadrement supérieur sont supportées par des figurines finement ciselées, mais d'un goût douteux.

Les *maistres des pierres vives*, qui imaginaient ces ornements, ne paraissent pas avoir été arrêtés par l'idée qu'Anne de Bretagne lèverait nécessairement les yeux sur de pareilles figurines.

A s'en fier aux plaisanteries scatologiques, fort goûtées à cette époque, on peut admettre toutefois que la reine souriait des deux drôleries qui se font pendant et qui montrent un homme se bouchant le nez pour ne pas sentir les désagréables odeurs émanant d'une femme sans vergogne ; également il faut rattacher au même ordre des faits naturels, considérés comme plaisants et gais, le bas-relief du même palais représentant un galant audacieux qui relève la jupe d'une personne de bonne volonté.

Il faut cependant chercher le sens de l'ensemble de semblables sculptures. L'hôtel de ville de Saint-Quentin, par la profusion de ses images, me paraît fournir une explication dont les archéologues sont appelés à juger la valeur.

Deux de ces figurines représentent des animaux en chaire, un renard et un singe, sans doute échos du *Roman de Renart*.

Sur un cul-de-lampe, un fou et un diable se sont

Retombées des fenêtres du château de Blois.

emparés de la cotte d'une jeune commère, et la chiffonnent avec ardeur.

Détail de la façade de l'hôtel de ville de Saint-Quentin.

Les sculpteurs, en un autre endroit, font rissoler au-dessus d'un grand brasier un malheureux que des diables retournent comme une dinde à la broche (voir la figure de la page 86).

Le caprice qui a présidé à ces compositions n'est qu'un ressouvenir des figures de même nature qui se voient aux murs des cathédrales. Les notions bibliques sont mêlées à celles des sciences naturelles. La femme qui trompe son mari, le moine ridiculisé, la bête monstrueuse des forêts voisines, la terreur de l'enfer, le manant qui bat sa commère, la raillerie du riche, le bateleur qui fait danser des ours et des singes, tous ces menus événements du jour trouvaient place sur les chapiteaux et sous les portails des églises. Si leur répétition au seizième siècle, sur la façade d'un monument civil tel que l'hôtel de ville de Saint-Quentin, offre encore quelque doute aux esprits précis qui veulent avoir la preuve de la signification des moindres détails, le chanoine Charles de Bovelles, par une énigme rimée qui détermine la date de la construction du monument, les aidera à comprendre le sens général de ces figurines.

L'édifice terminé, une plaque de cuivre fut enchâssée dans un des piliers de la façade de l'hôtel de ville de Saint-Quentin. Sur cette plaque on lisait :

```
D'un mouton et de cinq chevaux
Toutes les lettres prendez,      M CCCCC
Et à icelles, sans nuls travaux,
La queue d'un veau joindrez            V
Et au bout adjouterez
Tous les quatre pieds d'une chatte.    IIII
Rassemblez, et vous apprendrez
L'an de ma façon et ma date. M CCCCC VIIII (1509)
```

Ces cinq chevaux, les quatre pieds de la chatte, la queue du veau, n'offrent-ils pas de l'analogie avec les bizarres sculptures du monument? L'archéologue doit y chercher moins de rime et pas plus de raison. L'esprit confus mais jovial d'alors donnait naissance à la plupart des figurines qu'à tort, je crois, nous appelons satiriques.

J'ai déjà longuement insisté sur ce point et ne crains pas d'y revenir. L'art des tailleurs de pierre n'était pas si compliqué du côté de la conception qu'on le dit. C'est un art inconscient, naïf, aussi innocent que l'enfant qui lève sa chemise en public.

De même que les maçons inintelligents qui recouvrent de plâtre de délicates sculptures, nous avons entouré cet art de bandelettes symboliques ; mais le moment est venu de gratter l'épais badigeon du symbolisme, qui lui enlève sa netteté de lignes, sa franche signification.

Figurine de la façade de l'hôtel de ville de Saint-Quentin.

# CHAPITRE XV



LES STALLES DES ÉGLISES

On a retrouvé à Rouen des regis-
tres de comptes tenus par les fa-
briciens des églises, qui détaillent,
sol par sol, ce que coûtait l'œuvre
de *hucherie* d'une cathédrale, quels
étaient les maîtres huchiers, leur
pays, le salaire des ouvriers employés par eux.
Vers la fin du moyen âge circulaient en France
des sculpteurs en bois, Flamands pour la plupart,
qui allaient offrir leurs services aux constructeurs
de cathédrales. Ils entreprenaient habituellement
les chaires et les stalles pour un prix fort modique,
25 sols par figure, n'étant regardés que comme des
sculpteurs de *poupées*. Tel est le nom que les architectes donnaient à leurs caprices ornementatifs.
Les prêtres, fatigués de se tenir debout pendant

toute la durée des offices, eurent l'idée de se repo-ser sur des stalles mobiles, ingénieusement appe-lées *miséricordes*, offrant un banc étroit pour s'as-seoir et des accoudoirs sous les bras. Comme le chœur où siégent les prêtres est l'endroit qu'a choisi l'Église pour déployer toutes ses pompes, des planches de bois nu eussent juré avec les dallages de marbres, les vitraux éclatants, les lutrins de fer ouvragé et les richesses de l'autel : l'archi-tecte pensa naturellement à faire ornementer ces stalles.

C'est là que se donna carrière la fantaisie des tailleurs en bois.

En relevant sa stalle et en l'abaissant, plus d'un prêtre put s'y regarder comme dans un miroir, assis sur ses péchés, accoudé sur ses vices.

Au quinzième siècle, la sculpture ornementative semble ne relever que d'elle-même. Les compa-gnons flamands apportaient avec eux un répertoire de sujets profanes, sans se préoccuper du lieu sacré pour lequel ils travaillaient. Sur cinquante sujets empruntés plus habituellement à la vie réelle, on peut en détacher une douzaine de fantasques, de cyniques et de bouffons. Le clergé ne croyait pas que quelques facéties pussent faire tort à la reli-gion : ce qu'on cherchait surtout dans l'ormenta-tion de ces stalles était la rupture d'angles trop austères. Des caprices se déroulèrent le long des accoudoirs formant d'agréables courbes : quant à ce que sculptait l'ouvrier sur les miséricordes, le chapitre n'y regardait pas de près.

Dans l'ensemble de ces fantasques manifestations répandues sur les stalles des églises de Champagne, de Normandie, de Picardie et même de Bretagne, je vois des sortes de *clichés* que les Flamands reproduisaient sans s'inquiéter si telle province était plus pieuse que telle autre ; leur répertoire n'offrant pas une extrême variété, ils le portaient aussi bien au Nord qu'au Midi, à l'Est qu'à l'Ouest.

Ces sculpteurs de « poupées, » dont l'idéal était la représentation de ce qu'ils avaient vu et ressenti, taillaient d'ordinaire sur bois l'événement du jour, la dernière apparition du démon, le mari battu par sa femme, le moine surpris causant de trop près avec une religieuse, la gausserie qui courait le pays, les croyances populaires relevées d'un grain de malice.

Parfois ces sculptures semblent un écho des sévères admonestations des évêques dans les conciles. La robe ne gare pas tous les prêtres des passions. Plus d'un manqua à sa chaste mission. Qui sait même si, en de certains cas, la façade des cathédrales ne fut pas choisie par les évêques

Détail de stalle de la cathédrale de Saint-Pol de Léon,
d'après un dessin de M. Léon Gaucherel.

comme un pilori où devait être exposée, tant que la pierre durerait, l'action du coupable !

Tout esprit sans préjugés admettra, en lisant le fait suivant, comment certains actes luxurieux purent être traduits par le ciseau sur les monuments de cette époque.

Dans le Poitou, à l'abbaye Chièvre-Faye, un moine appelé Pigière manqua un dimanche à l'heure de la messe. « Si demandoit l'en partout cellui Pigière, et ne povoit estre trouvé. Mais toutefois tant fut quis et cherchié qu'il fut trouvé en l'esglise en un coingnet sur une femme, embessonné, et ne se povoient departir l'un de l'autre. »

Tel est le texte exact du *Livre du chevalier de la Tour Landry pour l'enseignement de ses filles*, au chapitre intitulé : « Du moine qui fist fornication en l'esglise. »

Un semblable « enseignement » donné à des filles de haute condition, dans un traité spécial d'éducation, prouve que les demoiselles les plus chastes de cette époque n'ignoraient rien, qu'on pouvait tout leur dire sans les froisser, et que vraisemblablement la représentation de semblables scènes par la sculpture était admise comme moyen de moralisation.

Mais le chevalier de la Tour Landry ne conte pas cette histoire à ses filles pour le plaisir de conter, et il en tire la morale suivante : « Se fut moult grant exemple comment l'on se doibt garder de faire mal pechié de délit de char en l'esglise, ne d'y parler de chose qui touche celle orde matière, ne s'y entre-regarder par amour, fors que par amour de mariaige. »

La morale sans doute ne ressortait pas aussi visiblement de la sculpture ou du moins ne la voyons-nous pas aujourd'hui si directe ; et cependant, comme dans les Bibles manuscrites, où souvent de pareils sujets sont représentés sans voiles à côté de sujets pieux, on peut dire que l'enseignement par les murs des cathédrales était le même, et que ces images de fornications, si libres qu'elles fussent, étaient une leçon à l'usage du peuple et le plus souvent des moines.

C'est dans les pays où se produisirent de pareils scandales qu'il faudrait chercher si, à l'époque où ils eurent lieu, les sculpteurs ne traduisirent pas ces légendes sur la pierre des monuments qu'ils avaient à ornementer. Qui étudierait de près les églises du Poitou du quatorzième siècle trouverait peut-être trace d'une sculpture représentant la luxure du moine Pigière, quoiqu'à la suite du scandale, provoqué par ses actes, il eût quitté l'abbaye de Chièvre-Faye.

D'autres motifs encore purent donner naissance à ces ornementations satiriques.

Nombre d'ordres religieux se jalousaient alors entre eux. L'orgueil, la vanité, la raillerie ne sont pas exclus du cœur des hommes d'Église. Les cathédrales riaient des abbayes, les abbayes raillaient les ordres mendiants. Cela se lit quelquefois sur la pierre et le bois.

Un archéologue qui a voulu voir clair dans ces questions, M. de la Sicotière, a analysé quelques-unes des stalles de l'église de Mortain, et parmi les sujets difficiles à expliquer, cite le suivant :

« Un individu, dont la chevelure rasée sur le front est collée sur les joues comme celle d'un moine, est assis sur le dos d'un animal monstrueux, le visage tourné vers la queue de sa monture, dans l'attitude de la frayeur ou même de la fuite. Il tient à deux mains, jeté sur son épaule, un sac passablement garni. L'animal est presque entièrement couvert par les habits flottants de son cavalier ; on ne distingue que deux pattes armées chacune de trois griffes et une grosse tête largement fendue comme celle d'un crocodile. De sa langue démesurément longue et recourbée, il lèche le dessous d'un moulin à vent ; ce moulin se compose d'un carré flanqué de quatre ailes en sautoir, avec une ouverture au milieu garnie de losanges et coiffée d'un petit chapiteau.

« Quel est le sujet de cette singulière allégorie ?

se demande l'archéologue. Les stalles de Corbeil offrent bien un meunier qui chemine gravement sur son âne, un sac sur la tête. Ici on dirait presque un voleur qui se sauve avec le produit de son vol, tandis que le démon de la convoitise qui l'a guidé lèche encore, en signe de regret, le moulin dépouillé ; mais quel serait le voleur ? (On sait que

D'après Breughel d'Enfer.

les meuniers ont depuis longtemps le privilége de servir de type aux caricatures et aux plaisanteries populaires dirigées contre les fraudeurs). Ne pourrait-on voir aussi dans cette caricature un trait satirique contre les moines et le clergé, qui ruinaient en dimes et en exactions le pauvre laboureur ? »

Il est souvent dans les œuvres satiriques des détails troublants autant par leur surabondance que par leur bizarrerie : le meilleur commentaire est encore la description même; j'essayerai cependant de donner une interprétation de cette stalle de Mortain en la mettant en regard d'un détail emprunté à une planche de la série des *Vices* composé par Breughel d'Enfer; c'est le même sentiment baroque, la même raillerie symbolique plus compliquée que légère, et comme il est présumable que la stalle de Mortain décrite par M. de la Sicotière est d'un sculpteur flamand, l'analogie avec les bizarreries troublantes de Breughel s'en déduit facilement.

A l'église de Mortain, on voit encore sur une stalle deux têtes de Fou accolées, semblables à celles de l'ancienne église des Mathurins de Paris, têtes que Millin avait prises pour des têtes de moines. C'est le même sujet fréquemment répété dont je donne un dessin d'après une miséricorde de la collégiale de Champeaux. Trois personnages à face de bonne humeur paraissent être une sorte de traduction du dicton : trois têtes dans un même bonnet. Deux oreilles énormes sortant du coqueluchon semblent augmentées de l'étoffe de celles qui manquent aux autres personnages.

D'autres miséricordes satiriques de Mortain sont
également décrites par l'archéologue ; mais elles

Stalle de la collégiale de Champeaux (xvi° siècle).

n'ont pas l'importance de celles de Saint-Spire, dont
il sera parlé plus loin. Suivant M. de la Sicotière,
les stalles de Mortain sont de la même date que
celles de Rouen, sculptées en 1457, par Philippe
Viart, maître huchier, qui recevait pour ce travail
cinq sols dix deniers par jour, quand ses compagnons n'en touchaient que la moitié.

« Quel était le but que se proposaient les artistes
qui sculptaient ces caricatures grossières ?... Ne se-
rait-ce qu'un dévergondage d'imagination, qu'une
débauche d'esprit ? » Telle est la question que se
pose encore M. de la Sicotière. — Oui, répondrai-je,
il y a plutôt débauche d'esprit, et il serait facile de
le prouver si on pouvait donner en regard les sin-
gularités des diverses stalles de cathédrales.

Celle-ci, qui provient également de la collégiale

de Champeaux, n'est-elle pas déroutante par le jeu
(ou plutôt le jet), que se permet ce petit bonhomme

Miséricorde de la collégiale de Champeaux (Seine-et-Marne)
(xvi⁰ siècle), d'après un dessin de M. Ch. Fichot.

à travers un van ? Rembrandt seul a pu, grâce à sa
pointe fantastique, dessiner de semblables croquis,
et quoique le motif de cette stalle soit sans doute
unique dans nos églises, il en était d'autres de même
nature qui, au commencement du seizième siècle,
indignaient l'abbé du monastère de Formbach, An
gelus Rumplerus.

Reprenant les arguments de saint Bernard, le
pieux Bavarois, à propos de certains détails licencieux de l'église de Münichwald, disait : « Si une
jeune fille regarde une telle peinture, est-ce que sa
pensée ne va pas rêver, et ne s'ingéniera-t-elle pas
à vouloir connaître ce qu'elle voit représenté sur le
mur ? C'est ainsi et dans le même but qu'autrefois
les peintres exposaient aux regards un Priape et un

Jupiter. Mais il serait nécessaire qu'on fît ici ce que dit Virgile : « Éloignez-vous d'ici, chastes matro nes : — il est honteux que vous lisiez d'impudiques paroles ; — (les hommes) n'y prennent pas garde et passent sans s'arrêter. — Ils savent bien ce que c'est ; — mais il y a des femmes qui aiment à... »

Interprétation finale qui ne peut décemment qu'être donnée en latin :

> Matronæ, procul hinc abite, castæ :
> Turpe est vos legere impudica verba ;
> Non assis faciunt, euntque recta :
> Nimirum sapiunt, videntque magnam
> Matronæ quoque mentulam libenter [1].

« Qu'on examine nos stalles, nos vitraux, les chapiteaux de nos colonnes, les miniatures de nos manuscrits, partout le bouffon, le grotesque, l'obscène même, ajoute M. de la Sicotière ; partout, comme à Mortain, *les monstres de masques* les plus horribles qu'ait pu rêver une imagination en délire, exposés avec complaisance aux regards de la foule ; partout le costume monastique ridiculisé, caricaturé de la manière la plus grossière, au pied même de l'autel[2]. »

[1] « Cette priapée, m'écrit le fidèle secrétaire de Sainte-Beuve qui, plus d'une fois en compagnie de l'aimable académicien, vint à mon aide dans ces recherches, ne se trouve dans aucune édition complète de Virgile ; elle a été recueillie dans l'*Erotropægnion* de Noël. »

[2] Les stalles de l'église de Mortain (Manche). *Bull. monum.*, 1859.

Ce costume monastique ridiculisé dans les églises mêmes, il ne faut pas cependant lui donner trop d'importance : la satire monacale entre tout au plus pour un vingtième dans l'ensemble de l'ornementation de ces stalles, où sont représentés plus particulièrement les divers corps d'état entremêlés, je l'ai déjà dit, de diableries, de grimaces de fous, de ressouvenirs du *Roman de Renart*, d'allusions à quelques scandales domestiques.

A prendre pour exemple les stalles de la cathédrale de Rouen, exécutées au quinzième siècle, si on en excepte un sujet ayant trait au célèbre *Lai*

Le Lai d'Aristote. — Stalle de Rouen [1].

*d'Aristote* et certains caprices, tels que des femmes chimères, qui appartiennent plutôt à la famille des

---

[1] Le treizième siècle supposait qu'Aristote, amoureux d'une courtisane, s'était laissé seller comme un cheval, et qu'il portait à quatre pattes, jusqu'au palais d'Alexandre, la femme qui le fouettait. Ce conte, imaginé comme preuve de la diabolique puissance des femmes, est sculpté sur divers monuments religieux et civils du Moyen âge et de la Renaissance : à Lauzanne, à Lyon, à Rouen, à Paris.

mascarons, la plupart des miséricordes se rapportent aux corporations de chirurgiens, de tondeurs, lameurs, épinceurs de drap, etc.

Quelques archéologues ont pensé que les professions représentées sur les stalles symbolisaient les corps d'état qui avaient concouru par leurs aumônes à mener à bonne fin ces ouvrages de hucherie. J'ai moi-même cru un moment que les personnages marquants des corporations avaient droit à s'asseoir dans le chœur sur des stalles représentant les emblèmes de leur profession : tout est hypothétique dans ces matières. En première ligne toutefois, on peut mettre sur le compte du caprice des artistes l'ornementation des miséricordes et des accoudoirs.

D'autres spécimens intéressants de monuments semblables se voient à Saint-Martin-aux-Bois, décrits par l'abbé Barraud.

Sur une de ces stalles « un moine se livre à de profondes contemplations ; mais on s'aperçoit à l'état de son visage qu'il est saisi d'une frayeur subite à la vue des monstres horribles qui s'offrent à ses yeux. L'enfer n'en a jamais vomi de plus hideux. Celui-ci a l'échine fortement élevée, baisse la tête, grince les dents et s'apprête à dévorer la proie qui va s'offrir à lui. Celui-là replie sous son ventre une énorme queue, qui se termine en avant par une gueule de monstre marin. Un troisième, séparé du précédent par une tête de femme couverte d'un long bonnet flottant, a le corps d'un quadrupède, la tête, la poitrine et les bras d'un homme : de son menton pend une barbe épaisse, qui se divise en deux touffes et qu'il saisit à deux mains. Un quatrième, semblable à une truie, joue de la cornemuse, tandis que ses petits pendent à ses mamelles. Une tête d'homme, à longue chevelure et à bonnet replié, termine cette rangée.

« A gauche se continue la suite des animaux grotesques. La marche est ouverte par un quadrupède à longue queue, à la suite duquel s'avancent un singe armé d'une énorme massue et un mammifère à tête d'oiseau qui paraît vouloir s'élancer vers le ciel. Puis se présentent successivement un énorme crapaud armé d'une cuillère avec laquelle il puise dans une ample soupière placée devant lui, une lourde vache jouant de la musette et un singe agitant ses doigts sur les touches d'une vielle, dont il fait également tourner la manivelle. Ces curieux musiciens ont à leur suite un animal chimérique qui se replie sur lui-même et se présente aux spectateurs dans une pose hideuse. Enfin vient la Mort, avec ses traits horribles, couverte d'un ample manteau, et derrière elle un griffon[1]. »

Comme à Saint-Spire, une fille en habit de reli-

---

[1] *Bull. monument.*, t. VIII, p. 9.

gieuse scie le diable par le milieu du corps (voy. figure de la p. 104). Sur une autre stalle, des ours dansent aux sons d'une musette dans laquelle souffle un de leurs confrères.

L'abbé Barraud voit dans ces figures la personnification de l'orgueil, de la volupté, de l'amour de la table, de la haine et des plaisirs mondains. Pour moi, je viens de feuilleter une fois de plus les Tentations et les Diableries du prédécesseur de Breughel, Jérôme Bosch. Les compositions du vieux maître, populaires au quinzième siècle, semblent l'alphabet dans lequel étudièrent les imagiers.

L'application à un motif déterminé n'apparaît réellement que dans les deux créations qui émurent le moyen âge et la renaissance, c'est-à-dire le *Roman de Renart* et *la Folie* telle qu'elle ressort des œuvres de Brandt et d'Érasme.

Habituellement, côte à côte des figures bibliques et profanes, on remarque sur ces stalles des têtes de fous à bonnets ornés de grelots ; des évêques mitrés se mêlent sur les accoudoirs à des animaux, des singes, des figures grotesques. Certains archéologues regardent ces singuliers assemblages comme des allusions aux vices du clergé ; le comte de Soultrait pense, et je suis de son avis, que ces représentations sont un souvenir des Fêtes de fous[1]. La

---

[1] *Bull. monument.*, t. XVIII, p. 105-106.

plupart du temps, de petites figurines ou des bustes rappellent la *mère-sotte* ou quelque personnage de ces cérémonies burlesques.

Parmi les curieuses stalles de Saint-Spire de Corbeil, qu'heureusement Millin fit dessiner avant leur destruction, on voyait un évêque tenant une marotte dans la main. C'est toujours l'évêque des Fous.

Stalle de l'église Saint-Spire de Corbeil.

Sur une autre miséricorde du même monument un personnage, coiffé d'une sorte de chapeau à cornes, joue avec un homme à un jeu appelé pet-en-gueule. Le mot dispense d'une analyse.

Quelques-uns de ces motifs traditionnels se représentent dans divers monuments. A Saint-Spire' quatre rats grignotent un globe surmonté d'une croix ; d'autres rongeurs, dont on n'aperçoit que les têtes et les queues, ont fait de ce globe une sorte de fromage où ils se sont retirés. Dans la même série de stalles, est représenté un homme coiffé d'un bonnet de docteur et dont la figure expressive exprime la trace de pensées doctorales ; ce personnage porte sur son dos un globe semblable. Millin dit qu'il existait dans l'église Saint-Jacques, à Meulan, un bas-relief absolument identique, et le consciencieux archéologue ajoute : « Sujets bizarres, qui sont autant d'énigmes, parce qu'on n'est pas au temps où ils ont été exécutés.

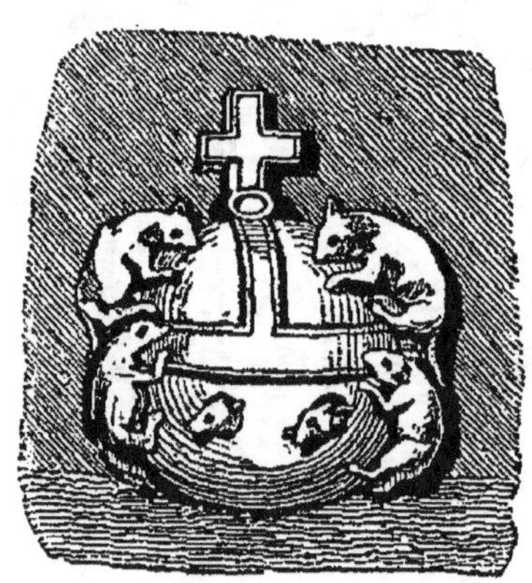

Miséricorde de l'ancienne église de Saint-Spire de Corbeil.

Cet aveu de l'impuissance de l'archéologie à la fin du dernier siècle ne se reproduirait guère aujourd'hui. Millin n'expliquait peut-être pas assez ; nous expliquons trop quelquefois, dissertant à l'infini sur des sujets d'une médiocre importance. Cependant cette stalle symbolique a besoin d'être élucidée ; elle se trouve dans diverses autres églises, et je partage l'opinion de Duchalais, qui, dans un article plein de sens[1], voyait dans les rats grignotant le globe les vices qui rongent le monde et finissent par le détruire.

Si on ajoute à ces sujets divers des représentations de métiers de l'époque : apothicaire, porteur de bois, moissonneur, berger, tailleur de pierre, boulanger, alchimiste, etc., il sera facile de se faire une idée du répertoire des tailleurs de poupées dans les églises. Presque partout, en province, les sculpteurs en bois répètent les mêmes motifs facétieux et satiriques ayant trait aux mœurs. Paris offre seul quelques dissemblances, les ouvriers flamands n'y ayant sans doute pas exercé leur industrie.

Je note, parmi les curiosités de l'ancienne église des Mathurins, une stalle représentant un vieillard tournant un tournebroche qui porte un morceau de viande dont l'homme recueille la graisse avec un pochon ; sous la table est caché un enfant qui veut goûter au jus. Détail de mœurs moins comique que le suivant, décrit par Millin, qui s'étonne de le rencontrer dans le lieu saint : « Un fabricant de parchemin à qui le diable montre le cul. »

Les artistes du quinzième siècle n'avaient pas

---

[1] *Revue archéologique*, 1848.

notre délicatesse. Luthériens et papistes ont autrement insulté le diable.

L'église des Saints-Gervais-et-Protais, dont les stalles offrent certaines analogies avec celles de Rouen, en possède quelques-unes d'un profane encore plus vivement accusé.

Sur une miséricorde des basses-formes un Fou folâtre avec une femme, dont la robe est retroussée. « Triste allégorie montrant le dénûment des vertus et la bassesse des habitudes, » dit à ce propos un archéologue[1]. Je crains bien que M. Troche, auteur de cette interprétation, ne soit souvent irrité par la vue de semblables sujets dans les cathédrales.

Une autre stalle de la même église représente une femme nue dans un bain ; un homme se déshabille, de la main caresse le menton de la femme, et sans plus de façons entre dans sa baignoire. M. Troche croit qu'il s'agit d'un mari qui, en compagnie de son épouse, se livre à un rafraîchissement hygiénique.

Je ne sais pourquoi l'idée d'un galant s'est présentée à mon esprit. Et cependant, comment l'église des Saints-Protais-et-Gervais a-t-elle pu accueillir la mise en scène d'une semblable aventure ?

---

[1] *Revue archéol.*, 9ᵉ année, 1855.

Des miséricordes de la même église, les unes personnifient des martyrs et des évangélistes ; les autres consistent en animaux et en masques capricieux de truie, de sirène, de chien, de vieillard, de lion, de jeune fille et d'aigle ; mais, comme dans les monuments décrits plus haut, une partie des stalles est consacrée aux divers corps de métiers : cordonniers, rôtisseurs, bateliers, etc.

Cette scène de bains ne serait-elle pas la représentation d'un intérieur de baigneur à la fin du quinzième siècle ? C'étaient habituellement des maisons mal famées ; elles sont signalées par les anciens chroniqueurs comme des lieux de rendez-vous, semblables à ceux qui existent encore actuellement à Berne. Il se peut que les artistes inconscients, qui naïvement taillaient les stalles des églises, ayant à faire figurer le baigneur parmi les corps d'états, n'aient pas trouvé mieux, pour peindre ce qui se passait dans ces endroits, que de mettre en lumière une baignoire, une jeune dame et son heureux soupirant.

Le même archéologue qui a étudié particulièrement les stalles de Saints-Gervais-et-Protais donne encore la description d'une miséricorde de la même église : « Un fou sans gêne, coiffé du capuchon à oreilles d'âne, pousse l'oubli de la décence jusqu'à venir se poser, pour satisfaire dame nature, devant la porte d'une maison habitée. A la fenêtre du rez-de-chaussée se montre un personnage indigné qui tenait probablement un objet menaçant ; mais un pudique ciseau a profondément labouré cette grossière composition due aux mains naïves de nos ancêtres[1]. »

Miséricorde de l'église Saint-Gervais-Saint-Protais.

En Angleterre, on trouve nombre de ces stalles représentant plus particulièrement des scènes d'animaux imitant les actions de l'homme. Rutter, dans son livre *Delineations*, cite les miséricordes de l'église d'East-Brent (Somerset), de Stampford, de Saint-Pierre de Northampton[2].

[1] Il est fâcheux que Paris ne possède pas un musée de moulages des principaux détails de monuments religieux du moyen âge. Les Anglais, mieux avisés, nous en ont donné l'exemple : l'administration de Kensington a fait mouler en France un certain nombre de nos stalles ayant trait à l'histoire des mœurs.

[2] Voir quelques anciens dessins du monastère de Sherbone, en Angleterre, dans les *Specimens de sculptures anciennes*, de Carter ;

Les accoudoirs et les miséricordes de la cathédrale d'Ulm, dont les figures furent sculptées de 1469 à 1474 par Georges Surlin (ou Syrlin), présentent une ornementation de végétaux, d'animaux et d'êtres plus ou moins humains. De beaux ceps de vigne et des tiges de houblon se marient avec des tournesols et des chardons en fleur. A travers cette végétation luxuriante on voit ramper des dragons, courir des chiens, bondir des lions, grimper des écureuils et des singes, percher des coqs et des hiboux, voler des griffons, planer des aigles. Des escargots se traînent sur des feuilles de chou ; des faces humaines font la grimace ou tirent la langue. Au milieu de tout ce monde, naturel ou fantastique, une femme échevelée lève ses jupons, un petit homme grotesque commet une saleté ; « mais, dit M. Didron, les indécences et les grimaces sont en général plus rares que dans nos stalles de France[1]. »

Il est d'autres stalles plus caractéristiques. Alors qu'éclate la Réforme, l'Église sent le danger de pareilles doctrines et, voulant lutter avec la violence de ses adversaires, elle représente sur une stalle de Saint-Sernin de Toulouse le plus grossier des animaux avec le nom du père de la secte calviniste.

----

[1] *Annales archéol.*, t. IX.

# CHAPITRE XVI

## LA CATHÉDRALE AU MOYEN AGE

### I

 Il peut paraître d'un double emploi de revenir une fois de plus sur les cathédrales, après les avoir étudiées dans leur ensemble et leurs détails.

La pierre n'a pas assez clairement parlé : elle balbutie et ne tient pas le langage précis que je souhaite. J'ai soif pour mes lecteurs comme pour moi d'affirmations et non de demi-aveux, de faits positifs et moins confus. A chaque page de cet ouvrage et à mesure que j'arrivais à la conclusion, je voyais poindre de faibles lueurs, mais pas encore la lumière éclatante.

Sans fatiguer plus longtemps les lecteurs de mes

inquiétudes, je note la pensée sociale qui décida de l'érection des cathédrales ; et sans donner ce système comme absolu pour toute la France, on peut regarder les cathédrales du Nord, au moyen âge, avec une piété particulière, comme le souvenir le plus vivace élevé par nos ancêtres. C'est le temple consacré à Dieu, c'est surtout la maison commune de nos pères, l'endroit où furent consacrés leurs droits civils, le tribunal épiscopal déjà plus équitable que la juridiction seigneuriale.

« A la fin du douzième siècle, l'érection d'une cathédrale, dit M. Viollet-le-Duc, était une protestation éclatante contre la féodalité. »

La cathédrale semble en effet le signe visible et réel de l'affranchissement des communes. Partout où les tours d'un monument portent de grandes ombres, c'est que la commune a secoué le joug féodal. La cathédrale, à cette époque, fut l'endroit où le peuple croyait défendre son âme contre les entreprises du démon, où il était plus certain de protéger son corps et ses biens contre les exigences féodales, monastiques et séculières.

On voit quelques monuments consacrés au culte, surmontés de tours crénelées qu'élevaient, dans de certaines circonstances, les citoyens pour se défendre contre les seigneurs. Forteresse religieuse contre forteresse civile, pourrait-on ajouter, si

22.

on n'avait pas abusé de semblables affirmations.

Ce fut à cette époque que saint Louis, montant sur le trône, trouva de fidèles alliés dans le clergé qui acceptait le principe de l'autorité monarchique pour contre-balancer les priviléges exorbitants des seigneurs féodaux et des abbés des grands monastères : en toutes choses, ceux-ci réclamaient la part du lion.

L'érection des grandes cathédrales entre 1180 et 1240 fut donc, ajoute M. Viollet-le-Duc, « l'expression d'un désir national irrésistible[1]. »

Entre le douzième et le treizième siècle, le peuple trouva un enseignement religieux et littéraire dans les cloîtres des cathédrales, qui unissaient l'enseignement à la défense, la défense au droit d'asile. De grandes pièces nues, carrées et sans ornements, s'ouvraient sur les galeries à jour qui bordaient le premier étage des nefs de certaines églises ; là le peuple emmagasinait des fourrages ; les pèlerins et les voyageurs y trouvaient asile. Le monument comportait l'hommage à Dieu, le lieu pour abriter sa tête, l'endroit qui sert aux réjouissances ; sous les voûtes sacrées le peuple priait, se reposait et se divertissait.

« Les cathédrales n'étaient pas seulement desti-

---

[1] Il faudrait citer tout entier l'important chapitre *Cathédrale* du *Dictionnaire d'architecture*.

nées au culte, dit encore M. Viollet-le-Duc; on y tenait des assemblées, on y discutait, on y vendait, et les divertissements profanes n'étaient pas exclus. »,

Si le peuple fit acte de piété en prêtant ses bras aux architectes laïques qui élevaient ces grandioses monuments, on peut dire qu'en même temps il songea à ses propres besoins; aussi il est illogique le système actuel de restauration qui consiste à dégager la cathédrale des ruelles et des petites maisons des alentours. On comprend mieux en voyant ces humbles constructions quel effort fit le peuple pour donner naissance à une architecture grandiose; on sent quelle reconnaissance enflammait ces cœurs, qui faisait qu'à l'heure dite naissaient du sein de petites gens de grands artistes pour élever ces colosses de pierre.

## II

Plus d'une fois j'ai regardé les cathédrales, cherchant le secret de leur déroutante ornementation, et chaque motif que j'en détachais pour éclairer mon texte semblait détaché d'une langue inconnue.

Que penser d'une étrange sculpture, cachée dans

l'ombre d'un pilier de la cathédrale souterraine de Bourges? Peut-il se trouver une imagination assez paradoxale pour déterminer la relation d'une si énorme facétie avec le lieu où elle s'étale?

Je craindrais d'affirmer que ce sujet soit unique : il est rare en tous cas et prête à penser, car quel est l'être grave qui, s'arrêtant devant cette singulière ornementation d'une église, ne réfléchira plutôt qu'il ne sourira?

Sans m'inquiéter des modifications produites par un fait isolé, qui plus tard pourra être éclairci par la vue d'autres sculptures du même ordre, je classerai le cul-de-lampe dans la famille des Caprices individuels, d'accord avec un critique, qui me soumettait l'explication la plus simple, c'est-à-dire une sorte de rébus provoqué logiquement par l'emploi architectural de cette sculpture.

La question de Caprice et de Fantaisie, de Satire et de Caricature a préoccupé d'ailleurs dans ces derniers temps les esprits chercheurs, et un archéologue vendômois, M. de Salies, répondait à plus d'une question en se la posant à lui-même dans un Mémoire intéressant : *La représentation satirique a-t-elle existé dans les monuments du moyen âge*[1]?

Un numismate, M. L. Cartier, dans un discours

---

[1] *Bulletin de la Société archéologique du Vendômois.* Vendôme, 1869, in-8 de 29 pages.

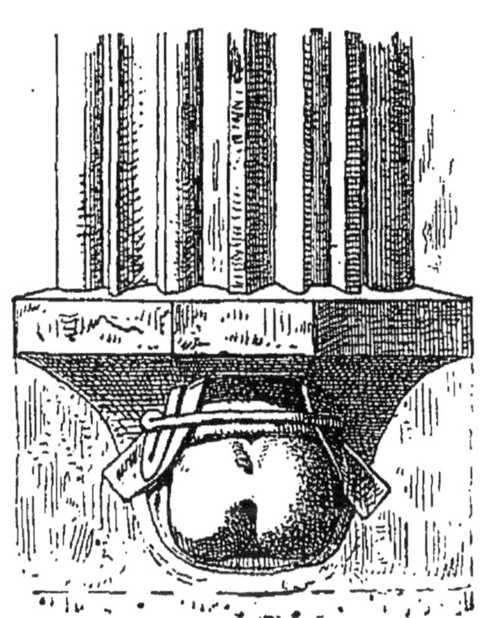

Sculpture de la cathédrale souterraine de Bourges,
d'après un dessin communiqué par M. Bailly,
architecte chargé de la restauration
du monument.

prononcé en 1847 au Congrès scientifique de France, se demandait également si, à mesure que le symbolisme écrit se développa, les artistes le réalisèrent, si du langage et de l'écriture les images passèrent dans l'art. M. de Salies reprend un à un les textes des hagiographes, les discute en les confrontant avec les monuments, et fait remarquer avec raison que le symbolisme qui existait à l'état de doctrine n'eut qu'une faible part dans les représentations peintes et sculptées au moyen âge.

Il tient ces images satiriques comme but de moralisation admis par l'Église, comme un musée profane et sacré où les vertus et les vices étaient sculptés en pleine lumière.

« Qu'on ne s'étonne donc plus, dit M. de Salies, de voir le temple chrétien accueillir les représentations satiriques et ces grandes masses de peuple qui se portaient sous ses voûtes. En toute occasion, il fallait parler aux gens ; il fallait, par la sculpture, la fresque et le vitrail, flétrir ce qu'il y avait d'exorbitant dans tel ou tel acte saillant de l'époque ou de la localité, bafouer, stigmatiser tel ou tel personnage fâcheusement connu. C'était la corrélation de ce qui se pratiquait dans un autre ordre d'idées, lorsqu'on retraçait la figure des saints, des bienfaiteurs de l'église ou de ses défenseurs. »

Quand les archives auront été fouillées plus profondément, que la province aura publié un certain nombre de monographies, on déterminera plus nettement la signification des figures satiriques des églises, des monastères, des couvents qui se faisaient cette guerre d'épigrammes.

Le clergé séculier était, au treizième siècle, en lutte ouverte avec les grands monastères, qui jusque-là avaient concentré toute la puissance ecclésiastique.

« Les couvents, dit M. de Salies, qui sentaient passer dans les mains de l'épiscopat le pouvoir qu'ils lui avaient si longtemps disputé, représentèrent jusque sur les vitraux des églises des évêques emportés par le diable. Dans les églises séculières, on leur répond en peignant ou sculptant des renards vêtus en moines et prêchant des poules. On va plus loin : on représente des scènes lubriques, dans lesquelles le moine joue le rôle principal. »

Pour citer un exemple, Adam Châtelain, évêque du Mans, fait défense à Pierre dé Châtillon, titulaire de l'abbaye de Gué-de-Launay, « de hanter ainsi que ses religieux, les cabarets, brelans et autres lieux publics, à peine d'excommunication. » Peut-être trouverait-on trace sur une église de Normandie, de la représentation de Pierre de Châtillon et de ses compagnons, les moines francs-buveurs, qui attiraient sur leur conduite les foudres de l'évêque du Mans.

# CHAPITRE XVII .

## DÉROUTE DU SYMBOLISME

Le premier chapitre de cet ouvrage énonçait la vanité du symbolisme. Il est utile qu'un des derniers soit consacré à sa défaite. J'ai donné avec des preuves gravées les inductions et les déductions si particulièrement ingénieuses des symbolisateurs ; il faut leur porter les derniers coups, montrer quelles fumées remplissent leur imagination, et s'appuyer sur le terrain de la réalité, le seul qui ne fonce pas sous les pieds.

Les défenseurs du symbolisme chrétien se trouvant parfois en face de figures satiriques ou obscènes dont le sens est trop clair, avouent alors qu'il y a « *aberration* de la symbolique » ; mais d'habitude ils se piquent de ne jamais être pris sans explication, et rappellent un certain Gobineau de Montluisant, gentilhomme chartrain, qui avait ap-

pliqué aux sculptures de la façade de Notre-Dame
un système, suivant lui, fort ingénieux.

Ces sculptures étaient, disait-il, un hommage
rendu à la science hermétique du moyen âge.

Le triomphe de saint Marcel écrasant le dragon,
bas-relief du portail de droite, témoignait de la
découverte de la pierre philosophale. La gueule et
la queue du dragon représentaient le fixe et le vo-
latil. Le Père éternel, étendant les mains vers deux
anges, c'était le Créateur tirant du néant le souffle
incombustible et le mercure de vie.

Voilà ce qu'avait trouvé Gobineau de Montluisant, à lui seul.

L'étymologie moderne, qui a fait irruption
dans la langue hébraïque, donne quelquefois
des résultats semblables à ceux obtenus par Gobineau de Montluisant. Je prendrai pour exemple le mot *magot*; quoiqu'il ne soit pas employé
habituellement en archéologie, les révérends Pères
Cahier et Martin s'en servent pour désigner les
figures grimaçantes qui se voient au haut des
églises.

« Magot vient de *magog*, disent-ils; c'est le *gog*
et le *magog* de l'Écriture sainte, mots mystérieux
qui désignent les auxiliaires de Satan contre Jésus-
Christ. Ce mot *magog* est hébraïque...

« Les commentateurs de l'Écriture au moyen âge

ont souvent observé que, décomposé dans sa signification hébraïque, *magog* signifie *du toit*,

« Cette décomposition grammaticale se prêtait aux
idées des architectes chrétiens sur l'exacte traduction en langage architectural du double sens moral
et matériel que renferme-le mot *église* pour les
peuples catholiques.

« Rapprochée d'un texte où saint Paul parle du démon sous le nom de *prince de l'air*, cette expression
hébraïque de *magog* conduisit à peupler de monstres

Gargouille
de l'abbaye de Saint-Denis (xiiie siècle).

fantastiques les chéneaux et la galerie aérienne des
églises. Là, ces magots, grimaçant du haut des toits
ou des clochetons, figurèrent les légions de l'ennemi
du salut qui planent sur la tête du fidèle pour l'é-
carter du droit chemin, et contre lesquelles il n'est
de vrai refuge ou de remède que dans l'Église[1]. »

[1] *Mélanges d'archéologie, d'histoire et de littérature,* par Ch. Cahier et A. Martin. In-4°, t. Ier.

Le malheur est que cette science étymologique
tombe devant une observation faite par M. de Salies,
qui a remarqué à l'église de la Couture, au Mans,
des corniches *intérieures* garnies d'un bout à l'autre
de semblables magots. (Il en est de même, d'ailleurs, dans un certain* nombre d'autres monuments, où le magot fait d'aussi singulières grimaces sur les piliers, dans les nefs ou les chœurs
des églises, qu'à l'extérieur.)

Un *magot* sculpté à l'intérieur d'un monument
ne signifierait donc plus *du toit; magot* ne dérive-
rait plus de *magog.* Accroc, d'un côté, à la manie
hébraïsante de notre temps. Accroc, de l'autre, au
système du symbolisme néo-catholique.

La comparaison des monuments de diverse nature, la simplicité, le terre-à-terre, si on veut, à
la place d'imaginations compliquées, l'ingénuité
plutôt que l'ingéniosité des artistes du moyen âge
et de la Renaissance, m'empêchent de me rallier à
la savante interprétation proposée par les Pères
Cahier et Martin.

Le magot-*gog* me semble se rattacher au symbolisme quand même de Gobineau de Montluisant;
le magot-*magog* fait pendant au limaçon-*Christ* de
M. de Bastard.

Nous avons trop vécu, depuis une cinquantaine
d'années, sous l'influence des lourdes et épaisses

imaginations de Creutzer. Combien de travaux archéologiques sont-ils aujourd'hui déjà démodés par l'abus de troublantes interprétations?, Combien d'importants ensembles négligés pour d'inutiles détails? Le besoin d'expliquer, l'avidité de découvertes quelconques, la vanité scientifique jointe à des tendances mystiques, ont favorisé le développement d'un symbolisme à outrance toujours aux aguets, en quête d'interprétations à tout prix.

Notre époque a soif de faits rationnels plus que de phrases. S'entêter dans le symbolisme, c'est se refuser à voir, comme ces figures de cathédrales qui se bouchent les yeux, semblant craindre la réalité, la lumière.

Modillon du xiiᵉ siècle.

# CHAPITRE XVIII

Le voyageur qui débarque à Rotterdam se trouve face à face d'une statue de savant, qui, les yeux baissés sur un livre, semble n'être distrait ni par le bruit ni par le mouvement du port. La science a ridé le visage de l'homme; sous sa longue houppelande on sent flotter un corps amaigri par l'étude; mais l'expression du visage est celle d'un ami de l'humanité.

Le vieux savant est Érasme de Rotterdam, à qui ses compatriotes, les marchands de poissons salés, ont élevé une statue.

Sur les lèvres de l'érudit, bien des sourires désenchanteurs souvent se sont fixés; mais cette ombre de raillerie est dissipée par la sérieuse concentration avec laquelle l'homme a étudié les hommes. On sent des yeux bienveillants sous ces paupières abaissées. Les mains sont d'une finesse féminine. Un corps délicat était l'enveloppe de ce penseur, qu'on voudrait compter parmi ses ancêtres.

Il existe encore un autre portrait du vieil Érasme ; il est représenté travaillant. Érasme travaillait sans cesse. Mais, à côté du volume au fond duquel l'érudit poursuit la science, le graveur a placé un joli bouquet de fleurs dans une fiole de verre. C'est la nature faisant antithèse à la science, la vie en face de la lettre morte.

Érasme, au milieu de ses recherches, songea toujours à la vie. L'amour de l'humanité gît au fond de ses écrits et c'est ce qui a conservé, en même temps que sa mémoire, celle de l'*Éloge de la Folie*, sans cesse réimprimé.

Le savant vécut à l'époque agitée où Luther remplissait l'Europe du bruit de ses réformes. Tous deux correspondaient ensemble ; tous deux avaient certaines parités de vues sans employer les mêmes moyens. Je pense à Mirabeau en évoquant la figure de Luther : dans cette révolution religieuse, Bailly eût été Érasme. Le Hollandais avait en partage la douceur, l'Allemand la violence. Celui-ci renversait les vieilles portes du temple ; celui-là eût désiré qu'on mît de l'huile aux gonds. La grosse injure était le ton du moine ; un scepticisme épicurien faisait le fonds de l'érudit ; aussi tous deux ne s'entendaient-ils qu'à demi, l'un se gendarmant contre l'indécision et le manque d'action, l'autre effrayé des éclats de paroles qui, comme des trompettes, sonnaient à ses oreilles délicates l'ordre de la révolte.

Et cependant la délicatesse a triomphé, tant les hommes ont besoin d'être ménagés. Les énormités allemandes contre la cour de Rome sont difficiles à faire passer sous les yeux d'aujourd'hui ; on peut mettre dans presque toutes les mains l'*Eloge de la Folie*. Si la gent monacale n'est pas épargnée dans cette œuvre satirique, c'est avec modération qu'Érasme a exprimé son idée tout entière.

Ce qui fit surtout la fortune du livre vint de l'heure à laquelle le savant lança une idée qui ne lui appartenait pas en propre ; mais tel est le rôle des hommes de génie : de répondre juste aux besoins du moment, d'employer des matériaux qui n'attendaient qu'un habile architecte pour les dégrossir et d'élever un monument là où il n'y avait que constructions grossières.

Avant d'entrer dans plus de détails touchant l'œuvre d'Érasme, il est utile de montrer les Petites-Maisons à l'intérieur desquelles le satirique était allé chercher ses Fous.

Dans les ténèbres de ce temps, qu'on appelle volontiers moyen âge pour échapper à une chronologie plus précise, les êtres simples d'esprit qu'on croyait penser à des choses surnaturelles, les visionnaires qui mêlaient des prédictions bizarres à un chaos de paroles sans liaison, les mélancoliques renfermés en eux-mêmes, les cerveaux diffus et mal équilibrés ne furent pas traités avec indifférence par le peuple, simple d'esprit lui-même. C'étaient des inspirés, croyait-on. Ils semblaient hantés par l'Esprit divin. On les respectait. Quelque chose s'agitait en eux, qui devait sortir un jour et donner naissance à d'importants pronostics.

Il en était d'autres riant de tout, sans fiel et sans malice, dont les coins de bouche se relevaient vers des yeux ahuris. Ils restaient enfants ; le peuple, qui a les caprices de l'enfance, gâta ces Fous rieurs et ne réclama d'eux aucun travail. Un mot plaisant ou railleur, qui se mêlait par hasard à leur bavardage habituel, faisait croire qu'il étaient des disciples d'Héraclite, riant sans cesse des tourmentes des humains.

Ceux-là particulièrement furent recherchés à cause de leur insouciance et de leur bonne humeur. On les présentait aux princes à leur passage dans les villes ; leur langue qui ne s'arrêtait pas, le peu de respect qu'ils avaient pour les grands, étonnaient ceux dont les insignes commandaient le respect. Accoutumés aux adulations et aux servilités, des empereurs eux-mêmes rencontraient, chose bizarre, un être qui ne fléchissait pas le genou, ne se courbait pas et ne voyait sous la pourpre qu'un homme semblable aux autres. Les riches et les puissants ont toujours été frappés par cette indépendance d'allures.

Le premier prince qui s'attacha un de ces « Fols », on l'ignore. Il est certain que son caprice trouva des imitateurs. Ce qui avait été hasard devint règle. Il y eut une charge créée de plus dans le palais ; cette charge, qui en valait bien d'autres regardées comme graves, fut dévolue à un être qui, naturellement plaisant, n'eut pas de peine à puiser dans sa libre indépendance les railleries et les sarcasmes qu'excitent les actes de tout courtisan. Telle était la volonté du maître. L'emploi consistait à souffler sur les vices de chacun : la vie des cours y prête. Avarice, Luxure, Ambition, Perfidies, Trahisons de toute nature furent mandées à la barre de ce singulier juge en habits bariolés, dont la sonnette était cousue au coqueluchon. Car un costume particulier désigna la qualité de celui qui, tout le jour, était appelé à rendre des arrêts « salés ». Le nouveau dignitaire n'était plus un fou, c'était le « Fol », celui qui devait pêcher dans les consciences des courtisans et étaler son butin devant les rois ; mais, comme il eût risqué de ne ramener le plus souvent dans ses filets qu'une boue nauséabonde, il eut soin de la nettoyer, d'en extraire les parties trop bilieuses qui forment le tempérament des ambitieux ; ces laideurs, il les recouvrit du sel de l'ironie, afin d'amener un sourire sur les lèvres de son maître. Quelque désagréables que fussent aux courtisans les sarcasmes d'un homme dont la langue ne respectait rien, ils déridèrent souvent la pourpre, et le Fou devint une puissance. Dès lors, partout il exerça sa verve.

Je ne vois guère qu'un monument qui prouve la défaite de la Folie.

On a découvert à Bourges, dans un des coins de l'hôtel de Jacques Cœur, une sculpture historique intéressante, qu'elle soit un symbole ou une satire. Sur un cul-de-lampe, qui supporte la retombée d'une des nervures de la salle que l'on croit avoir été le trésor de l'argentier, une femme en habit de reine, la couronne sur la tête, étendue d'une façon provoquante sur le gazon, fait signe à un seigneur en habit de cour de venir la trouver ; mais l'homme, y mettant plus de retenue, montre dans l'eau d'une fontaine une ombre reflétée que le mauvais état de

cette partie replâtrée du bas-relief a fait prendre à
quelques archéologues pour la figure du roi.

Un Fou avec sa marotte apparaît au second plan
du bas-relief, plus grave et méditatif que de coutume.

On sait de quelle hauteur tomba Jacques Cœur ;
la perte de sa charge, sa fortune dilapidée, son
emprisonnement, sa mort, ont semblé prouver à
quelques-uns que, parmi les crimes que lui repro-
chait le roi, celui-là n'était pas le moindre que de
l'avoir trompé avec Agnès Sorel. La légende, qui se
plaît au romanesque, ajoute qu'en raison de ce
détail, le bas-relief fut sculpté à dessein dans un
endroit mystérieux de l'hôtel, comme une preuve
de la chasteté de Jacques Cœur, alors que les courtisans répandaient des calomnies sur le compte de
l'argentier.

Agnès Sorel aurait fait des avances au riche argentier : Jacques Cœur répondit en évoquant le souvenir du roi qui les séparait. Sans doute l'aventure
était tentante ; mais, pour la première fois, la Folie
fut vaincue.

J'opine à croire avec MM. Leber, de Béaurepaire,
Paulin Paris, Hiver [1], que le cul-de-lampe représente une scène d'un des fabliaux, si répandus au

---

[1] *Le bas-relief de la chambre du trésor de Jacques Cœur, à
Bourges.* In-8 de 12 p. S. D.

Sculpture intérieure de la maison de Jacques Cœur, à Bourges.

quinzième siècle, qui ne se rapportent en rien à
Jacques Cœur ; il faut, toutefois, tenir compte des
mœurs de la favorite, de la figure du roi et des
costumes des personnages, qui apportent une certaine vraisemblance à la légende adoptée primiti-
vement par les archéologues et les savants[1].

Des dénouements si chastes ne semblent guère le
partage de la Folie. Elle est moins réservée, se plaisant davantage au scandale. La cour en fournissait
à foison. Aussi, pas de fêtes, de cérémonies sans la
présence du Fou. Il était attaché au palais ; on le
vit bientôt pénétrer dans les églises.

Le Fou joua son rôle dans les cérémonies bizarres
de l'Ane, des Sots, des Innocents, de la Basoche, de
la mère Folle. En pleine église, le Fou introduisit
son habit de masque, ses grelots et sa vessie pleine
de pois secs ; il osa même croiser sa marotte avec
le bâton pastoral et devenir l'un des principaux
acteurs des fêtes étranges, que la cour de Rome, les
conciles et les rois autorisaient à de certaines
époques et qu'ils défendirent ensuite, effrayés des
suites des profanations et des travestissements de
ces danses jadis sacrées.

---

[1] Le seigneur, en surtout bordé de menu-vair, la dague au côté,
porte le costume que les portraits authentiques de Jacques Cœur
nous font connaître. (Voir Hazé, *Monuments du Berry* ; Viollet-le-
Duc, *Dictionnaire d'architecture*.)

Mais les poëtes, les érudits, les esprits libres tenaient pour ces divertissements populaires qui prêtaient à la raillerie. Clément Marot, sans y mettre plus de malice, a dépeint en quelques vers le travestissement consacré de ces fêtes, et s'il rit des moines, c'est plutôt au point de vue du déguisement qu'il peint le principal acteur :

> Attachez-moi une sonnette
> Sur le front d'un moine crotté,
> Un oreille à chacun côté
> Du capuchon de sa caboche,
> Voilà un sot de la Basoche.

En lisant tant d'éloquents morceaux dirigés à ce propos par les historiens contre l'Église qui permettaient ces mascarades dans son sein, je me demande ce que pense un ambassadeur Japonais qui assiste pendant le carnaval à la promenade du Bœuf gras. Si, détaillant un à un les costumes divers des gens qui se tiennent sur le char, il prétend en tirer une conclusion, je crains que le Japonais ne s'égare dans un dédale de commentaires baroques.

Il en est de même de bien des usages de ces époques confuses à la suite desquelles la Renaissance essaya en vain de se débarrasser des traditions des siècles précédents.

Que cette vessie de porc dans laquelle s'agitaient des pois fût, comme on l'a dit, l'emblème d'une tête folle, d'un caquetage bruyant, d'un esprit évaporé et vide de sens, je le veux bien ; mais de là à faire de l'arme du Fou une machine de guerre contre la religion, j'y souscris difficilement.

On opposera les canons de l'Église, les ordonnances royales au sujet des fêtes dans lesquelles le Fou jouait le rôle d'archidiacre. De telles mascarades dans les églises avaient pu paraître naturelles pendant la période de grossièreté de mœurs du moyen âge ; la Renaissance apporta certaines délicatesses, et ces travestissements sous les voûtes sacrées parurent d'autant plus dangereux que la pensée en éveil cherchait les fissures du pouvoir religieux.

Chaque époque qui arrive, bénéficiant des enseignements du passé, juge dangereuse plus d'une chose qui semblait innocente. Au moyen âge, les esprits, garrotés par la confusion du passé, sont simples, naïfs et sans moyens de traduire leurs rancunes : on ne pressent pas la Réforme, on laisse au peuple plus de liberté dans ses plaisirs : mais quand Luther lancera ses bulles contre la papauté, le catholicisme effrayé se tiendra sur ses gardes.

Le Fou, chassé des églises, fut mêlé dès lors à d'autres questions religieuses plus palpitantes. Les

protestants, s'emparant de ce type, le burinèrent
sur des médailles pour la plus grande injure des
catholiques. Ils sont [communs, les monuments de

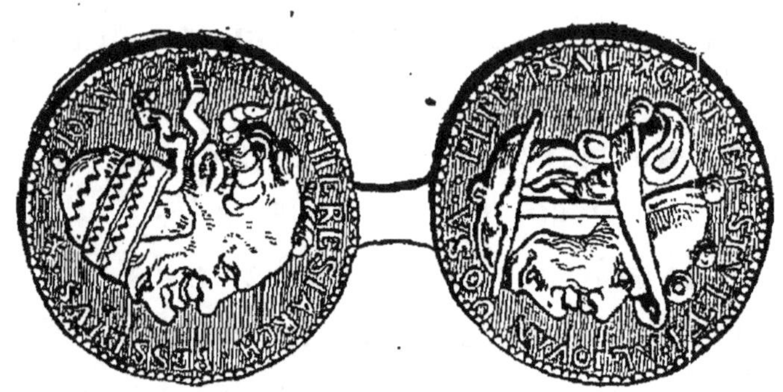

Médaille satirique contre la cour de Rome.

bronze sur lesquels se voit une tête de cardinal
accolée à celle d'un Fou, avec la légende : *Stulti
aliquandi sapientes*.

Il est vrai que les catholiques s'emparèrent du
symbole pour en accabler le protestantisme. On
s'appelait *fou* dans les deux camps ; ce que voyant,
des sceptiques, qui ne reconnaissaient ni le pape
ni Calvin, burinèrent des médailles pour se railler
des deux adversaires. Murner, le poëte du *Nurren-
beschwerung* (conspiration des Fous), publia un
pamphlet contre Luther : *Du grand fou luthérien,
comment le docteur Murner l'a exorcisé*[1] ; en tête

---

[1] *Von dem grossen Luterisschen narren, wie in doctor Murner
beschworen hat.*

de l'ouvrage un frontispice représente Murner en moine franciscain serrant à l'aide d'une corde le cou de Luther pour en faire sortir une quantité de petits fous.

L'injure ne semble pas aujourd'hui bien énorme. Elle suffisait alors à qualifier les cruautés les plus grandes. On sait quelle exécration causa dans les Pays-Bas le duc d'Albe. Théodore de Bry, le graveur, a cru venger ses compatriotes en représentant le terrible lieutenant-général de Philippe II avec cette légende : *Le capitaine des Folies.*

C'est là une caricature innocente[1]. Il en est de même des sculptures, des manuscrits, des gravures. Le Fou se loge partout du treizième au seizième siècle, sur les façades des palais, au fronton des cathédrales, sur les stalles des églises, sur les frontispices des livres, grimaçant, agitant sa marotte et frappant sans cesse chacun de sa vessie. Du haut des monuments chrétiens, caché dans une gargouille, le Fou pisse sur les passants ; à la porte du temple, il tire la langue aux fidèles ; dans le chœur des basiliques, il éclate de rire au nez des chanoines, et la grande dame qui ouvre son livre d'heures, où il est représenté sur les marges, est troublée dans ses prières. A Amboise, à Blois, il

---

[1] Voir Rigollot et Leber, *Histoire numismatique des fols de la Picardie.*

conte ses divagations sur les façades des palais ; on le retrouve accroché aux façades des maisons d'Orléans, de Tours, de Beauvais, où il fait la nique aux passants (voir fig. p. 270). Souvent dans l'ombre grimace le bout d'une poutre qui remplit l'esprit de visions fantastiques : un ouvrier a terminé son œuvre en sculptant une figure de Fou.

Il ne faut pas oublier dans cette iconographie les combats de la Folie avec la Mort. Les dernières danses macabres montrent la Mort entraînant le Fou avec sa marotte ; d'anciennes gravures représentent le Fou qui frappe le crâne de la Mort de sa sempiternelle vessie[1].

La Folie devait triompher de sa redoutable ennemie. Le seizième siècle ayant policé les mœurs, la Mort parut brutale et son image lugubre. Le branle macabre avait fait son temps.

La Mort morte, ce fut la Folie qui lui succéda. C'était une rieuse gaie, la plaisanterie aux lèvres, corrigeant ses leçons par une constante bonne humeur. L'Europe accepta facilement son empire.

Le premier qui chanta la marotte fut un Strasbourgeois, Sébastien Brandt, érudit et moraliste. En 1494, il imprimait à Bâle un vaste poëme qui ne contient pas moins de cent quinze divisions et

---

[1] Voir Holbein, pl. LXI, Langlois, Douce.

qui porte pour titre *Narrenschiff*, c'est-à-dire l'*Es-
quif des Fous*[1]. L'humour au quinzième siècle n'est
pas toujours légère. Aussi bien Brandt ne plaisante

Fac-simile d'une figure en bois des *Menus-Propos de Mère Sotte*,
de Pierre Gringoire (1505).

pas, quoiqu'une idée satirique découle de son sujet.
Le vice, suivant lui, n'est pas haïssable à raison de
l'affliction qu'il cause à la divinité, mais parce
qu'il est contraire à la raison humaine. *Le vice est
ridicule*. Brandt veut corriger l'homme en réveillant dans son cœur le sentiment de la dignité plutôt que le remords de sa conscience.

[1] *La Nef des Fous* fut depuis le titre le plus universellement
admis par les traducteurs et commentateurs.

« Jamais, dit le moraliste, un sage n'a demandé à être riche sur terre, mais à se connaître lui même. »

Brandt n'est point un réformateur religieux ; s'il pressent l'orage luthérien, il le craint. Il a cependant ceci de commun avec les libres penseurs qu'il se gendarme contre les abus de la scholastique et du mysticisme. C'est un satirique malgré lui, qu'il parle de l'astrologie, de la chiromancie, de l'alchimie, des superstitions et même des dangers nouveaux créés par l'imprimerie.

« Plus les livres augmentent, dit Brandt, et moins on a égard aux bonnes doctrines. »

Il recommande « de prêter l'oreille à la conscience et non au sifflet des Fous. »

« Les paysans autrefois, dit Brandt, étaient heureux sous le chaume ; maintenant ils s'adonnent à la boisson, s'endettent, ne s'habillent plus de bure, mais d'habits de lin d'un grand prix. Le bourgeois prétend être l'égal du chevalier ; le comte veut être prince, le prince aspire à une couronne. Plus d'un brave homme se ruine, s'adonne à la juiverie, ou met sa fiance dans une succession. »

Brandt critique encore l'âpreté du gain, la vénalité de la justice, et, dans cette langue bâtarde qui a causé la ruine de l'ouvrage [1], on trouve de nombreux pro-

[1] La pièce est écrite en dialecte particulier de Strasbourg, mé-

verbes propres à frapper les esprits : « La pauvreté, dit le moraliste, est un don de Dieu. Celui qui est nu peut nager au loin. N'a rien à perdre qui n'a rien. » Mais Brandt a des aspirations plus élevées : « La mort est un admirable niveleur, un juge incorruptible qui n'a jamais obéi à personne... Insensés que nous sommes de construire des pyramides, des mausolées. Toute terre est bénie de Dieu, et bien couché est celui qui est mort en paix. Les astres, qui reluisent au haut du ciel dans le plus beau luminaire, éclairent une immense voûte funèbre. Dieu sait retrouver en leur place les ossements et les rendre à leur corps. Celui qui meurt en Dieu a le plus sublime monument. »

M. Gervinus a comparé Brandt à Molière : c'est le placer bien haut : le plus souvent le poëte, par la gravité de ses admonestations, ressemble à un prédicant ; on en trouve la preuve dans les commentaires que tira de la *Nef des Fous* le prédicateur Geiler de Keysersberg pour en faire la base de ses sermons, apportant plus de caprices que le moraliste dans la peinture des ridicules et des vices de son temps.

Avec Brandt, Geiler de Keysersberg se moque en

langé de suisse. « En lisant les vers du *Narrenschiff*, dit M. Spach, qui a commenté le poëme, on croirait souvent entendre l'inculte langage d'un paysan du Sundgau ou du Kochersberg. »

chaire « des docteurs qui n'entendent pas trois mots
de latin, mais se coiffent de leurs toques de velours
et vantent leurs livres sans en connaître le contenu. »
Ce sont des gens dignes de prendre passage sur le
vaisseau des Fous : mais le prédicateur s'élève à des
enseignements d'un ordre moins futile.

Le signe de la sagesse, suivant lui, c'est de peu
parler et même de se taire. « Il ne faut point res-
sembler à la poule qui, lorsqu'elle pond un œuf,
l'annonce à toute la basse-cour.

« Les eaux profondes coulent avec lenteur ; les
torrents font beaucoup de bruit. Les petits marchands ambulants crient leurs marchandises dans la
rue ; les riches négociants trafiquent en silence.

« Un homme qui ne sait se taire ressemble à une
ville sans murs et sans porte ; on y entre de jour et
de nuit. »

Le prédicateur exerce également sa verve contre
les femmes : « Il y a quatre choses, dit Geiler, que
l'on ne peut suivre et reconnaître : l'aigle dans les
airs, le serpent sur les rochers, le vaisseau au milieu de la mer, le chemin de la femme qui cherche
aventure. »

Il serait réellement agréable d'écouter des sermons si une telle humeur en faisait aujourd'hui le
fond. Bien différent des prédicateurs toujours prêts
à tonner contre la littérature de leur temps, Geiler

D'après une gravure du *Narrenschiff*.

de Keyserberg prêtait l'appui de sa parole et de sa
verve au poëme de Brandt, qui d'ailleurs se répan-
dait par toute l'Europe, traduit en latin, en français, en anglais, en néerlandais. Le *Narrenschiff*
avait, suivant le chemin qu'il prenait, des fortunes
diverses. On le contrefaisait, on l'imitait, on le co-
piait, on l'affadissait ; toutefois, on oubliait de le
brûler. Il avait en outre les honneurs de l'illustration, et les gravures sont bien d'accord avec le texte
gothique du poëme.

D'après un livre d'Heures du xvi⁰ siècle.

# CHAPITRE XIX

Vingt-cinq ans plus tard, un autre érudit, Érasme, reprit l'idée pour la transformer. Le *Navire des Fous* du vieux Brandt était trop chargé, Érasme l'allégea considérablement. Le sujet était le même ; pourtant le Hollandais échappa aux reproches de plagiat que les érudits se jettent volontiers à la tête.

Brandt, quoique ayant publié diverses éditions classiques, était plutôt jurisconsulte de profession ; il avait même rempli des fonctions politiques en Allemagne. La vie d'Érasme au contraire fut vouée tout entière au service des belles-lettres, et, s'il scrutait le sens d'in-folios dont le format ferait fuir aujourd'hui un *chroniqueur* bien appris, c'était plus particulièrement les secrets de la langue d'Aristophane et de Lucien qu'il demandait aux anciens textes. Ces sortes d'études, qui marquent d'un sillon austère les traits des véritables penseurs, allégent l'esprit si elles alourdissent le corps. La parole de l'homme peut être lourde et embarrassée, sa plume est fine et légère. Le vieil Érasme, penché sur son pupitre, les yeux plongeants entre les lignes des textes antiques, paraît sans doute aux curieux qui visitent les musées un savant grave et dogmatique; l'*Éloge de la Folie* lui donne droit d'entrer dans le panthéon des humoristes où bientôt trônera Rabelais.

Ce fut en latin qu'Érasme cacha ses railleries contre l'humanité dont la folie est le partage. « L'homme, disait la Folie (c'est elle qui prend la parole tout le long du livre) n'est pas plus misérable pour être fou, que le cheval pour n'être grammairien. » Dans la société, tous les hommes sont conduits par la Folie ; ce que la Rochefoucault plus tard rapportera à l'intérêt, Érasme l'attribue à des grelots sonnant sans cesse aux oreilles, qui empêchent l'humanité d'entendre et de penser sainement.

La piquante humeur d'Érasme fit la fortune du livre. Le savant, dont la vie laborieuse avait chassé

les passions et les vices, jugeait ses contemporains
sans fiel ni colère : « Le singe sur la pourpre n'est
jamais qu'un singe, et la femme est toujours femme,
c'est-à-dire une folle. »

La Folie, d'après Holbein.

Toutefois du badinage de l'érudit se détachent
quelques traits fortement accentués comme dans
cette esquisse de vieillards :

« Plus ils sont près de la mort, moins ils sont
ennuyés de vivre. Remerciez-moi, dit la Folie, si
vous voyez encore tant de vieux patriarches qui ont
à peine figure d'hommes, qui bégayent, qui ra-
dotent, qui n'ont plus ni dents ni cheveux ; restes
hideux, rechignés, maussades, grondeurs, écourtés,

dont la triste machine est faite en demi-cercle...
Tels qu'ils sont, ils aiment la vie, ils essayent de se
rajeunir en peignant les quatre poils qui leur res-
tent, ou en les cachant sous une chevelure pos-
tiche. Ils empruntent les dents, peut-être d'un cochon. Il en est même qui deviennent amoureux
d'une jeune beauté et qui font auprès d'elle plus de
bêtises qu'un jeune homme. »

On accuserait certainement aujourd'hui Érasme
de *réalisme* pour son vieillard amoureux qui « em-
prunte les dents d'un cochon ». La touche n'est pas
moins forte dans son portrait de vieilles coquettes.

« Tout cela n'est rien, en comparaison de ces
vieux bouquins de femmes si cadavéreuses qu'on
les croirait échappées des enfers, qui ne cessent de
répéter *rien de tel que de vivre* ; qui brûlent, qui
hennissent comme des cavales ; qui payent cher un
jeune Adonis, se barbouillent le visage de céruse et
de plâtre, ne quittent pas le miroir, étalent une
gorge à cent replis, et, par des cris lascifs, essayent
de ranimer la nature épuisée. Elles boivent, elles
dansent, elles écrivent des billets doux. On se
moque d'elles, on les traite d'archifolles ; on a
raison. »

Quoique Érasme, qui n'aimait pas, disait-il, la
« vérité séditieuse », s'éloignât de Luther, les portraits qu'il trace des moines de son temps n'en con-

cordent pas moins avec les violences du réformateur d'Eisleben contre la gent monacale.

« Après les théologiens, dit la Folie, viennent
ceux qu'on appelle religieux ou moines, c'est-à-dire
reclus, deux expressions fort impropres, car la plupart n'ont pas de religion et on les trouve partout...
Ils sont tellement en horreur, qu'on regarde comme
un présage sinistre de les rencontrer sur son chemin... Leur haute piété consiste à ne savoir rien,
pas même lire. Lorsqu'ils braient dans leurs églises
des psaumes qu'ils ont bien comptés et jamais en-
tendus, ils croient que c'est une musique qui
charme la Divinité. Il en est qui s'énorgueillissent
de leur crasse et de leur mendicité, qui vont de
porte en porte, dans les auberges, sur les grands
chemins, sur les rivières, demander effrontément
l'aumône, au grand préjudice des vrais pauvres.
C'est ainsi que ces prédestinés croient qu'avec leur
saleté, leur ignorance, leur grossièreté, leur impudence, ils sont l'image des apôtres.

« J'admire surtout leur minutieuse régularité.
Ils croiraient être damnés s'ils ne soumettaient tout
à la règle et au compas. Il faut tant de nœuds au
soulier ; telle couleur, telle étoffe, telle largeur pour
la ceinture ; la robe bigarrée de tant de pièces ;
telle forme et telle capacité pour le coqueluchon ;
tant de doigts pour la tonsure, etc... Tout fiers de

ces niaiseries, non-seulement ils méprisent les gens du monde, mais encore un ordre méprise tous les autres. Ces hommes, qui affichent la charité apostolique, font un bruit enragé pour une différence d'habit et de couleur. Pieusement fidèles à leurs statuts, il en est qui aimeraient mieux manier une vipère que de toucher de l'argent ; mais ils ne craignent pas tant le vice et les femmes. »

Ce ne sont pas seulement les moines qu'Érasme crible de ses traits :

« Quelle folie plus grande, et en même temps plus consolante, que celle de ces braves gens qui se promettent l'éternelle félicité, pourvu qu'ils récitent tous les jours sept vers du psautier... Ces extravagances, si pitoyables, ont pourtant l'approbation non-seulement du peuple, mais encore de nos docteurs. N'oublions pas ici que chaque pays a son saint, et chaque saint son culte et sa vertu. L'un guérit du mal de dents, etc... »

Érasme dut être mal vu des dévots ; il ne respectait ni les fidèles, ni les prédicateurs : « Allez au sermon. Si c'est une pièce solide, l'auditoire s'ennuie, bâille et s'endort. Si au contraire le crieur ou plutôt le brailleur fait, comme ils font tous, des contes de bonne femme, on ne dort pas, on écoute, on admire. »

Érasme est véritablement plus « séditieux » qu'il

ne le croit. Il importe peu qu'il ne procède ni par colère, ni par violence dans ses écrits ; sous la forme pleine de bonhomie de son style se cache un grand

Le moine, fac-simile d'un dessin d'Holbein.

mépris, pour la race encapuchonnée, et, s'il est peu de conditions qui échappent à sa verve, les moines reviennent sans cesse comme dans le portrait du marchand :

« Les plus grands et les plus misérables Fous sont les marchands. S'il y a quelque chose de plus vil que leur profession, c'est la manière dont ils l'exercent : le mensonge, le parjure, le vol, l'astuce, la mauvaise foi, sont leurs moyens ; et cependant ils se croient des personnages parce qu'ils ont des

doigts chargés d'anneaux d'or... Il y a de petits
moines qui leur rendent hommage public pour avoir
quelque part à leurs voleries. »

Érasme ne s'attaque pas seulement aux petits.
Courtisans, princes, rois, cardinaux et papes sont
touchés de sa marotte qui, quoique tenue par la
Folie, rend des sons satiriques mais graves. Sur le
compte des courtisans, la Folie s'exprime ainsi, et
le trait n'a guère perdu de son actualité : « Ces
braves gens de cour dorment jusqu'à midi. Ils dé-
jeunent. Le dîner suit de près. Au dîner succèdent
le jeu, les charlatans, les bouffons, les filles de joie,
les fades quolibets. Il est juste de goûter au moins
une fois. Le souper vient et on passe la nuit à boire.
C'est ainsi qu'ils chassent les ennuis de la vie et que
s'écoulent les heures, les jours, les mois, les années,
les siècles. Pour moi, leur faste me fait quelquefois
soulever le cœur. »

A ce dernier trait, — leur faste me fait quelquefois soulever le cœur, — on voit que ce n'est plus
la Folie qui parle ; son masque mal attaché tombe
et laisse paraître Érasme lui-même.

Il n'existerait pas de courtisans sans rois. L'im-
pitoyable Folie continue : « Les rois n'écoutent que
leurs flatteurs. Ils croient que, pour être véritablement rois, il ne faut que chasser, avoir de bons
chevaux, faire argent des magistratures et des gou-

vernements, inventer de nouveaux moyens de pomper la substance du peuple en alléguant des raisons spécieuses pour donner couleur de justice à la vexation, et en faisant dans le préambule quelque compliment au peuple pour l'amadouer. »

Ne semble-t-il pas qu'on lise un la Bruyère, moins épuré, mais plus libre et sans attaches?

Érasme avait été élevé par les moines. On voulut en faire un moine. Et c'est une remarque banale de dire qu'il n'y a pas d'adversaires plus hostiles à l'Église que ceux qui, ayant été élevés dans les couvents et les séminaires pour y prononcer leurs vœux, déchirent tout à coup leurs robes pour rentrer dans le monde.

Érasme fut un de ces révoltés, quoique restant catholique : « J'ai toujours évité, écrivait-il à un ami, d'être l'auteur d'aucun tumulte et le prédicateur d'aucun dogme nouveau. Je serai avec Luther, tant que Luther restera dans l'union catholique. »

Comment Érasme fait-il concorder cette déclaration avec le portrait que la Folie trace des papes : « Il n'y a pas d'hommes sur la terre qui mènent une vie plus délicieuse, plus exempte de soucis. Ils croient faire assez pour Jésus-Christ lorsque leur sainteté, leur béatitude étale l'appareil pontifical et presque théâtral, pour faire quelques cérémonies, pour donner des bénédictions ou lancer des anathèmes. Faire des miracles, le temps est passé. Instruire le peuple, cela donne de la peine. Expliquer l'Écriture sainte, c'est l'affaire de l'école. Prier, c'est perte de temps. Verser des larmes, cela ne convient qu'aux femmes. Vivre dans la pauvreté, on la méprise. Céder, c'est lâcheté; c'est indigne de celui qui n'admet que par grâce les plus grands rois à l'honneur de baiser ses bienheureux pieds. Mourir, la mort est si triste! La croix, c'est la potence. »

A la vivacité de ce morceau, on voit qu'Érasme ressentait une irritation contre la papauté, quoiqu'il s'en défende.

Il faut cependant fermer le livre, pour ne pas être tenté d'y puiser encore. Détailler la folie d'autres personnages est inutile. Tous les hommes appartiennent à la Folie et en sont tributaires, même les sages. Je veux toutefois citer un dernier fragment, dans lequel Érasme apparaît à chaque ligne :

« La sagesse rend les hommes timides. Aussi voyons-nous les sages croupir dans la misère, dans l'oubli, dans le mépris et l'obscurité, et les Fous jouir de l'opulence, du pouvoir et de l'éclat.

« Si vous faites consister le bonheur à plaire aux grands, à vivre avec ces dignités chamarrées d'or et chargées de pierreries, quoi de plus inutile que la sagesse? Ils la détestent.

« Aspirez-vous aux dignités et aux bénéfices de l'Église ? Un âne, un bœuf y parviendra plutôt qu'un sage.

« Tournez et retournez tant qu'il vous plaira, adressez-vous aux papes, aux princes, aux magistrats, à des amis, à des ennemis, aux grands et aux petits : partout, pour réussir, il faut de l'argent, et, comme c'est un métal que le sage méprise, toutes les portes lui sont fermées[1]. »

N'est-ce pas lui-même, le savant rendu timide par la science, le pauvre Érasme qui s'est adressé aux grands, espérant en tirer quelque subside nécessaire pour la continuation de ses travaux, et qui a été repoussé, laissé dans l'obscurité parce qu'il était sage, parce qu'il avait le malheur de penser. Lisez ce morceau sur la sagesse, allez au Louvre revoir le portrait peint par Holbein, alors vous comprendrez ces traits émaciés, cette discrète résignation, ce détachement de toutes choses vaines, cette attache à l'étude, ce mépris de l'orgueilleuse humanité, ces lèvres minces amincies encore par les humiliations venues de haut, cette mélancolie railleuse.

Dans le Salon carré où sont étalés tous les chefs-

---

[1] Ces citations sont empruntées à la traduction de Barnett, en tête de laquelle M. Désiré Nisard a placé une intelligente étude d'Érasme. 1 vol. in-18; 1842, Gosselin.

d'œuvre de l'art, une modeste toile représentant
un vieux, savant éclipse les richesses de couleur qui
l'environnent. Du cadre se détache une figure de penseur, un homme qui en apprend plus que l'étalage
des pompes de la Cène de Véronèse. Celui-là est un
courtisan qui, dans une scène religieuse, ne songe
qu'aux habits dorés et aux colonnades de marbre
des princes de son temps ; Érasme a osé, du fond
de son cabinet, dire la vérité aux grands. Je ne
crois pas que les souverains manifestent un vif enthousiasme en face d'un portrait si parlant.

D'après Scheible.

# CHAPITRE XX



COLLABORATION D'HOLBEIN ET D'ÉRASME

Aux bienheureuses époques intellectuelles sur lesquelles la civilisation répand sa corne d'abondance, on voit des groupes de philosophes, d'historiens, de poëtes, se mêler à d'autres groupes d'architectes, de peintres et de sculpteurs. Ils sont inséparables, et qui dit le nom de l'un de ces hommes évoque aussitôt le souvenir d'autres esprits non moins marquants. Parfois pourtant de ces groupes se détachent des figures amies qui vont deux à deux et s'entretiennent discrètement à l'écart d'art et de poésie.

Chez les races germaniques particulièrement, ces associations de la plume et du crayon furent plus sensibles qu'en tout autre pays. Luther fait penser à Lucas Cranach, Érasme se relie étroitement à Holbein.

Dans ces petits coins suisses ou allemands, d'où partaient de si grosses machines de guerre philosophiques et sociales, on comprend quelle liaison dut unir des écrivains et des peintres qui ne pouvaient communiquer intellectuellement avec leurs concitoyens peu éclairés. Le peintre s'intéressait aux aspirations de l'écrivain, l'écrivain se détendait l'esprit en allant visiter l'atelier du peintre.

D'après une inscription en tête de l'exemplaire de l'*Éloge de la Folie*, de la bibliothèque de Bâle, qui renferme les dessins à la plume originaux d'Holbein, ces croquis furent faits en dix jours, « pour amuser Érasme. »

Il est peu d'œuvres d'imagination qui aient trouvé leur illustrateur. On a jusqu'ici négligé les *Contes* de Voltaire ; Lucien heureusement a été laissé de côté, et c'est presque une bonne fortune qu'Aristophane se présente sans vignettes en regard du texte.

L'*Éloge de la Folie* offrait des difficultés de

même nature. C'est une raillerie fine et délicate que celle d'Érasme. Dans sa dédicace à Thomas Morus, l'écrivain n'admet le libre exercice de la raillerie qu'à condition que « la licence ne dégénère pas en frénésie » ; il tient également à ce que le lecteur ne le juge pas « mordant, mais bienveillant, plein d'indulgence et de modération ». En ceci Érasme se trompait un peu.

On sourit à voir la peine que se donne l'auteur de l'*Éloge de la Folie* pour prouver qu'il a fait une œuvre pie : « Bien loin de m'accuser de causticité, dit-il, des théologiens sages et éclairés louent ma modération et ma *candeur* pour avoir traité *sans hardiesse* un sujet hardi par lui-même et avoir *badiné sans coup de dent.* » De telles justifications ressemblent beaucoup à celles de Voltaire lorsqu'il jouait l'ingénuité en face de protecteurs haut placés.

« Il ne manquera pas, écrit Érasme à Thomas Morus, de vétilleurs qui, par esprit de dénigration, diront, les uns que ce sont des bagatelles indignes d'un théologien, les autres que ce sont des méchancetés qui blessent la charité chrétienne, et qui répéteront à grands cris que nous ressuscitons la comédie antique, que nous copions Lucien et que nous déchirons tout à belles dents. »

Tel fut le texte, expurgé pour ainsi dire par l'écri-

La Folie descend de sa chaire,
fac-simile d'un dessin d'Holbein.

vain lui-même, qu'Holbein eut à interpréter. L'*Éloge
de la Folie*, devenant presque un ouvrage de dogme,
devait troubler l'esprit d'un artiste qui n'ignorait
rien de la visée du livre et du caractère de son ami.
C'est pourquoi, il faut le dire au risque de froisser les admirateurs d'Holbein, la plupart de ses
dessins, quelle que soit leur valeur intrinsèque, ne
répondent que par certains côtés au texte satirique.

Ce n'est pas que les types manquassent à l'artiste. Princes, prêtres, courtisans, moines, se pres-
saient dans les rues de Bâle ; mais il ne fallait pas
reconnaître que tel ou tel homme avait prêté ses
traits au peintre ; il fallait se garder surtout de représenter avec trop de réalité certains personnages
connus par la ville. « J'ai toujours visé à ne blesser
personne, » écrivait au théologien Martin Dorpius
le prudent Érasme.

Holbein n'était pas, à proprement parler, un
homme d'imagination ; il possédait une plus pré-
cieuse qualité qui est de fixer la réalité et d'emprunter à la nature un aspect qui vaut celui des
idéalisations les plus élevées.

Gêné par les appréhensions de son ami, Holbein
s'en tira par des croquis intéressants, mais le plus
souvent à côté.

On peut classer les dessins d'Holbein en deux

séries : ceux qui offrent une tendance satirique et ceux qui côtoient le texte, suivant la fantaisie du dessinateur. Dans les uns le peintre paraît avoir cherché à rendre la pensée de l'auteur de l'*Éloge de la Folie*; dans les autres il s'en préoccupe médiocrement et n'en trace pas moins de fins croquis.

Les hautes fonctions sociales, il semble qu'Holbein se soit contenu pour les épargner. Il n'en est pas de même des basses classes.

Fac-simile d'un dessin d'Holbein.

Le coucou posé sur une branche, en face du mari trompé; l'homme, « plus laid qu'un singe, » qui va consulter la Folie sur le charme de sa figure; le

maître d'école fessant avec une ardeur toute scolas-
tique son élève récalcitrant ; le moine faisant parade

Fac-simile d'un dessin d'Holbein.

de son gros ventre, sont des gens de peu d'importance ; toutefois il ne faut pas tomber dans le système et avancer que le fou de cour et le roi,
Holbein les a traités conformément à la pensée de
l'auteur de l'*Éloge de la Folie.*

Holbein est plus à l'aise dans sa *Danse des Morts,*
où le drame s'appuie sur de nettes oppositions
d'empereurs et de sujets, de riches et de pauvres;

d'hommes sacrifiant tout à leurs jouissances et de malheureux se privant de tout pour se mettre un morceau de pain sous la dent. Comme la plupart des artistes, Holbein est gêné par les louvoiements d'Érasme; ne saisissant pas toujours la ligne dominante d'un portrait tracé par l'écrivain, il préfère le croquis d'après nature.

Il est cependant un dessin bien compris et qui va plus loin que le texte de l'auteur. La Folie ayant terminé son discours, descend de sa chaire, et les auditeurs cloués à leur banc semblent dire : Reste encore pour nous conter ces railleries que tu contes si bien.

D'après un ancien chapiteau.

# CHAPITRE XXI

Un des caractères particuliers du génie et qui bizarrement le consacre, c'est à la fois le rayonnement qui entoure l'œuvre et l'obscurité qui se fait autour de la vie de l'homme. Le nom est éclatant, l'être s'efface parfois à tel point qu'on se demande s'il a existé. De sa dépouille il ne reste qu'une trace immatérielle et lumineuse qui s'adresse à la seule pensée.

Shakspeare et Rabelais en sont des exemples, et, par certains points, Molière, quoique bien plus rapproché de nous.

Où se trouvent les véritables portraits de Shakspeare et de Rabelais? Qui les a vus? Le rôle de ces

27

penseurs dans la société de leur temps est presque aussi obscur que leurs traits.

De tels hommes avaient assez à faire de songer sans se répandre au dehors, et comme ils pensaient trop fortement pour leur époque, ils comptaient peu d'amis véritables parmi ceux qui étaient en état de les comprendre. De ceci ils durent se préoccuper médiocrement ; les encouragements réconfortants, les grands génies les trouvent en eux-mêmes. Mieux que le public, ils savent qu'à tel jour, à telle heure, le plus pur de leur esprit est venu se fixer sur le papier ; le reste leur importe peu : devoirs et plaisirs du monde, honneurs et dignités, ils les fuient pour étudier à leurs heures, à leur guise. Ils travaillent pour l'humanité et ne cherchent qu'à échapper aux misères de leur temps.

Mais quand a sonné l'heure du repos éternel, qui décharge ces hommes de leurs fatigues, c'est alors seulement que le public leur permet de penser en liberté ; alors on s'aperçoit que ces indépendants, si dépendants des médiocrités qui les entouraient, représentaient un siècle, une époque, leur temps ; alors les vivants reconnaissent la perte qu'ils ont faite, quel trésor de connaissances est enfoui à jamais dans la tombe du penseur, et une admiration sans bornes succédant à la défiance s'augmente de siècle en siècle et quelquefois outre la mesure.

Arrivent des générations qui ne croient jamais assez payer les mines d'observations découvertes par ces hommes et dont ils ont enrichi le fonds commun. De philosophes graves ou railleurs si contestés, quelquefois persécutés de leur vivant, on fait le parangon de toute science ; aucunes connaissances de leur époque, prétend-on, ne leur étaient inconnues : politique, lettres, sciences et arts n'avaient aucun secret pour eux.

C'est ainsi que des qualités de science universelle ont été attribuées à Shakspeare, à Rabelais et à Molière.

Rabelais était un véritable savant : savait-il vraiment tout?

Telle est la question que d'autres se sont déjà posée et que je vais étudier par un côté bien menu, à savoir si l'auteur de *Gargantua*, médecin, poëte, philosophe, doit être compté parmi les habiles dessinateurs, ses contemporains.

Les libraires du seizième siècle n'en doutent pas. Le premier exemplaire connu des *Songes drolatiques*, de Rabelais, porte sur le titre même que les figures sont « *de l'invention* » de Rabelais et sa dernière œuvre[1]. Antoine Leroy, qui a laissé

---

[1] *LES SONGES DROLATIQVES DE PANTAGRVEL, où sont contenues plusieurs figures de l'invention de maistre François Rabelais : et dernière œuvre d'iceluy pour la récréation des bons esprits.* Paris, Richard Breton, M.D.LXV.

un manuscrit sur la vie du conteur, le *Rabelæsina Elogia*, exalte ses talents de dessinateur et d'architecte au point d'en faire un collaborateur de Philibert Delorme pour les plans du château de Meudon.

Les divers éditeurs du *Pantagruel*, qui ont fait précéder leurs publications de Notices sur Rabelais, n'élèvent point d'objections sur ce talent de dessinateur; on doit même à M. Ch. Lenormant une brochure où la science architecturale de Rabelais est déduite de la description de l'abbaye de Thélème par le conteur [1].

Mais il s'agit ici des *Songes drolatiques de Pantagruel*, et non d'architecture. Ces caprices, qui ne furent réimprimés qu'en 1823 pour le *Rabelais variorum* de M. Éloi Johanneau, une vogue nouvelle et inattendue fait qu'on vient, en deux ans, d'en donner *quatre* éditions, trois à Paris, une à Genève.

Ils sont bien nommés : *Songes drolatiques*. En effet, le grotesque s'est donné ample carrière dans

[1] *Rabelais et l'architecture de la Renaissance. Restitution de l'abbaye de Thélème*, par Ch. Lenormant. Paris, 1840, in-8, avec 2 planches gravées. J'ai déjà, dans l'*Histoire de la Caricature antique*, prévenu les lecteurs de se tenir en garde à propos des inductions auxquelles M. Lenormand se laisse trop aller. Son érudition, qui est réelle, est sans cesse éperonnée par une imagination sans limites.

Fac-similé d'une planche des *Songes drolatiques.*

27.

ces personnages où la bizarrerie le dispute à la variété. Celui qui a dessiné de tels croquis avait une certaine imagination fantasque; mais parce que ces figures sont curieuses et bien dans l'esprit du temps, s'ensuit-il qu'elles aient été dessinées par Rabelais?

Rabelais était mort en 1553. Son œuvre augmentait naturellement de portée; la librairie du seizième siècle, qui usait déjà de supercheries, telles que fausses éditions, titres réimprimés avec variantes, etc., fit acte de spéculation en affirmant que l'illustration du livre d'un conteur célèbre était de la main de l'auteur lui-même.

Il est vrai qu'à s'appuyer sur le texte même du *Gargantua* on pourrait en inférer que Rabelais connaissait le dessin linéaire et le dessin artistique. Entre les diverses connaissances dont le conteur enrichit le cerveau de Gargantua, connaissances que, pour la plupart, Rabelais avait approfondies, se place l'art de tracer des figures géométriques, comme aussi l'art de peindre et de sculpter.

Au chapitre XXIII, Ponotrates apprend à son élève à dessiner « mille joyeulx instruments et figures Geometricques ». De même Rabelais fait entrer au chapitre XXIV « l'art de peinture et de sculpture » dans le complément de l'éducation.

Dans ces admirables chapitres sur l'éducation, où l'auteur dénoue le cordon de son masque bouffon, chaque ligne a sa portée, surtout celle relative à l'étude du dessin, qui concorde avec les idées modernes.

Beaucoup de bons esprits ne proposent-ils pas la pratique du dessin comme une seconde écriture qu'on devrait, dès la plus tendre jeunesse, apprendre aux enfants en même temps que la calligraphie?

Rabelais semble partager cet avis.

Cependant, parce qu'il représente Gargantua dessinant et peignant, s'ensuit-il absolument que Rabelais dessinait et peignait? Combien d'esprits modernes vantent les avantages du dessin, qui ne savent pas se servir d'un crayon!

Certains commentateurs se sont prévalu, pour faire un dessinateur de Rabelais, d'un passage d'une de ses lettres dans lequel le conteur est censé avoir relevé quelques plans de monuments.

« *Urbis faciem calamo perinde ac penicillo depingere,* » écrit de Lyon, en septembre 1534, Rabelais au cardinal du Bellay.

Passage que M. Paul Lacroix [1] a ainsi interprété :
« Enfin il voulait employer la plume *et* le crayon

---

[1] *François Rabelais, sa vie et ses ouvrages,* notice en tête de l'édition de J. Bry, 1854.

pour faire une description topographique de la ville de Rome. »

Cette version n'est pas absolument exacte. *Perinde ac* n'a jamais eu le sens que lui donne ici M. Lacroix. *Perinde* signifie quasi, comme avec; pour rendre le sens de la phrase latine de Rabelais, il faut traduire que l'érudit dépeignait de sa plume les monuments romains *comme avec* un crayon.

Ce passage de la lettre de Rabelais au cardinal du Bellay doit donc être retiré du débat, et il ne reste véritablement comme document, dans l'instruction relative aux *Songes drolatiques*, que la mention des arts du dessin dans les chapitres sur l'éducation, ce qui n'est pas suffisant.

Je cherche d'autres moyens d'élucider la question, et c'est de l'essence même des images que je tâcherai de faire sortir la vérité. Elles offrent le fait particulier que, datées de 1565, ces figures ne paraissent se rattacher à aucune publication française du même ordre, et qu'elles semblent une création, une trouvaille dans l'ordre comique.

Un éditeur, M. Tross, qui a donné une bonne reproduction des *Songes drolatiques*, dit que les illustrations des *Devises héroïques* de Claude Paradin et de la *Vita e Metamorfoseo d'Ovidio*, deux ouvrages publiés à Lyon en 1557 par le libraire

Ian de Tournes, ne furent pas sans influence sur les *Songes drolatiques.*

Dans les figures sur bois des *Métamorphoses d'Ovide,* attribuées par les uns à Salomon Bernard, par les autres à José Amman, de Nurem berg, je ne vois que des encadrements de pages composés d'arabesques au milieu desquelles se jouent des Pygmées, qui n'offrent pas avec les Songes de Pantagruel cette « ressemblance des plus frappantes » dont parle M. Tross.

Ces figurines, en tant que jalons des caprices au seizième siècle, n'en sont pas moins curieuses; et sur les trois entourages différents qui, à diverses reprises, sont répétés dans l'*Ovide,* j'en donne un qui sert économiquement de frontispice aux *Devises héroïques* du même libraire lyonnais.

Si les figures des *Songes drolatiques* parurent originales en France en 1565, date de leur publication, il n'en dut pas être de même à l'étranger. Celui qui dessina ces caprices avait dû voir les images flamandes sorties du magasin de Cock, l'éditeur breveté de toutes sortes d'estampes [1].

Un graveur, dont le monogramme $\frac{P}{ME}$ n'a pu faire découvrir le véritable nom, travaillait pour Cock et vulgarisait avec son burin les tableaux de « Hieronimus Bos » et de « P. Bruegel ». Or, les diableries de Jérôme Bosch et de Pierre Breughel, surtout celles de ce dernier, popularisées par la gravure et publiées antérieurement aux *Songes drolatiques*, devaient avoir une réelle influence sur le dessinateur de ces caprices.

Il ne faut, pour s'en assurer, que confronter les figures attribuées à Rabelais et les compositions symboliques de celui qu'on a surnommé avec raison Breughel le drôle.

Le vieux maître flamand a fait preuve d'une grande imagination dans ses compositions fantastiques, et quoique sa pensée soit souvent obscure, elle se rattache à la symbolisation satirique des vices et des passions.

---

[1] *H. Cock excud. cum gratia et privilegio*, telle est la légende reproduite au bas de la plupart des gravures de ce marchand.

Dans les *Songes drolatiques* attribués à Rabelais, les personnages ne se mêlent pas à une action dé-terminée : ces types bizarres, dont quelques-uns semblent la caricature de personnages connus, ont un parfum néerlandais; en les regardant, un ressouvenir d'anciennes gravures hollandaises se présentait à mon esprit. Ce sont bien là des fantaisies du Nord, épaisses et lourdes, qui ne se rattachent qu'indirectement à l'art de la Renaissance en France.

Je remarque combien de poissons, dans les *Songes drolatiques*, viennent se mêler aux grotesques et danser des rondes autour d'eux. Ces détails se présentent fréquemment au souvenir des vieux maîtres néerlandais, et comme les peintres, gens souvent de peu d'imagination, se servent volontiers des objets et des choses qui les entourent, le poisson joue un grand rôle dans les accessoires des maîtres flamands et hollandais.

On ne peut guère admettre ces caprices maritimes dans les *Songes drolatiques* publiés à Paris, qu'en se disant qu'un graveur flamand a passé par là. Ce sont des minuties. Un juge d'instruction s'inquiète des plus petits faits, et tout commentateur doit contenir un juge d'instruction.

On voit souvent, dans les prétendus dessins de Rabelais, des personnages coiffés de larges feutres, dans la lisière desquels sont passés des couteaux

Fac-simile d'une planche des *Songes drolatiques.*

ou des cuillers à pot, détail qui se retrouve également dans mainte composition de maîtres fla-

28

mands. C'est l'arme du paysan, du pêcheur, toujours prêts à éventrer les quelques poissons appor-
tés par les flots sur la plage : en une seconde, le
poisson est jeté dans la marmite. L'homme n'a pas
besoin d'un grand attirail de cuisine pour se mettre
à table : une cuiller à pot lui suffit.

D'après Breughel.

L'auteur des *Songes drolatiques* s'est plu à représenter des personnages enserrés dans des tonneaux ou des pâtés au travers desquels ils passent
leurs bras armés de couteaux et de scies pour en
fendre la croûte : on retrouve certains gestes et
actes analogues dans les pêcheurs du maître de
Breughel, Jérôme Bosch, et dans Breughel lui-
même, qui a représenté des gens avalés par des

poissons et se frayant un passage avec leur cou-
teau, en coupant à même de l'animal des tranches
de chair.

Ces analogies deviennent plus marquées dans la
planche *Invidia* qui fait partie de la série des péchés capitaux peints par Pierre Breughel. Ici des
détails tout à fait identiques ont été empruntés par
le graveur des *Songes drolatiques*.

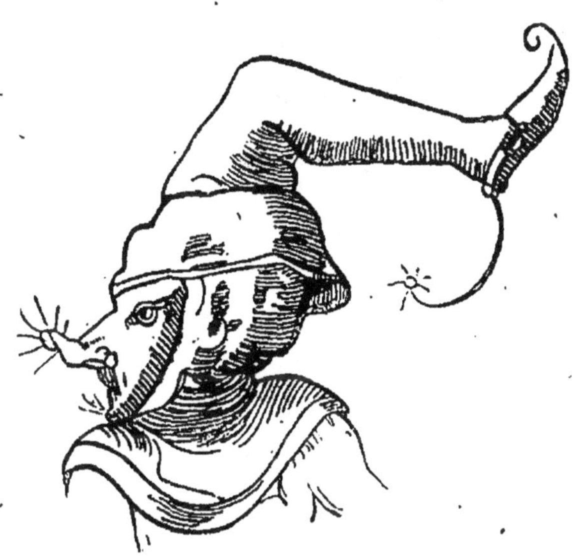

D'après les *Songes drolatiques*.

Breughel imagine une tente terminée par deux
jambes bottées s'agitant en l'air.

Une semblable jambe avec la même botte est
représentée formant le chapeau d'une des figures
pantagruéliques (la cinquième du recueil).

Toujours dans la planche flamande : *Invidia*. Petit personnage fantastique dont la figure est formée par un pot servant de perchoir à des oiseaux. *Songes drolatiques*, même détail [1].

Le hasard seul a-t-il pu faire que deux détails de la même planche se retrouvent dans les caprices attribués à Rabelais?

Ce n'est pas tout. Au nombre des personnages symboliques qui figurent dans la composition de l'*Avaritia* de Breughel, on remarque un homme dont la figure est entièrement cachée par un grand

______

[1] Pot encapuchonné qui porte plusieurs plumes d'oiseau de paradis, « allusion à la triple couronne papale, » dit un commentateur plein d'imagination.

feutre dans la lisière duquel est passé un couteau·

D'après les *Songes drolatiques.*

Du haut de ce chapeau s'échappent des nuages de
fumée qui semblent avoir une relation avec un

soufflet accolé à la panse de ce fantastique personnage. Quoique le titre, *Avaritia*, indiqué que chaque figure doit représenter l'amour de l'argent, le sens de ce personnage m'échappe absolument. Ce ne peut être la représentation d'un alchimiste avec son soufflet. Breughel n'eût pas manqué d'y adjoindre soit un matras, soit une cornue.

D'après Breughel.

Quelle que soit la portée de ce symbole, le graveur des *Songes drolatiques* l'a reprise à son compte. Trait pour trait il a copié cette figure, y ajoutant seulement un essaim de mouches, une ganse de chapeau de cardinal flottant au chapeau, sur l'épaule un stylet et une coquille de pèlerin. Et c'est là que pourraient être mis au pied du mur les commentateurs qui prétendent tout expliquer.

Sans hésiter M. Éloi Johanneau dit que « ce per

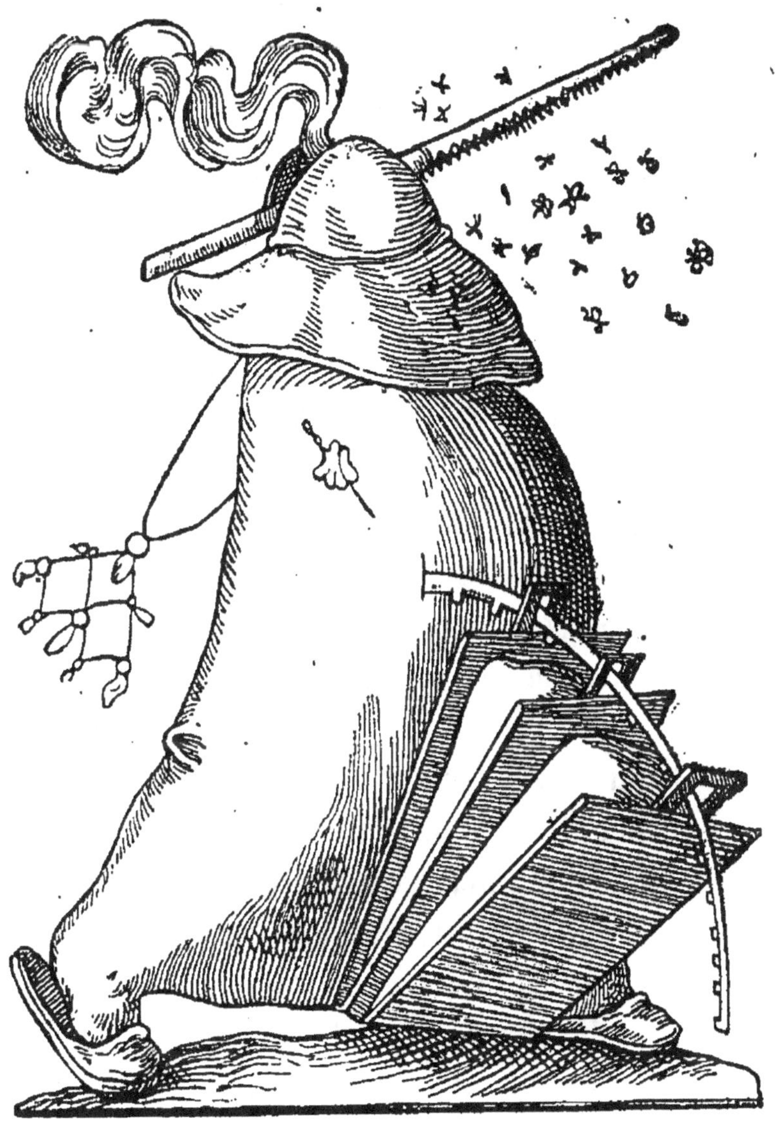

D'après les *Songes drolatiques.*

sonnage ténébreux est le pape Jules II. Le tourbillon
de flammes et l'essaim de mouches qui lui sortent

de la tête, ainsi que le triple soufflet, figurent l'humeur de ce pape ambitieux et le feu de la guerre qu'il soufflait partout [1]. »

L'éditeur a annoncé en tête de son Rabelais un nouveau commentaire; en effet, il est de toute nouveauté.

« Quant à la scie qu'on voit ici dans un tourbillon de flammes, ajoutent MM. Esmangart et Johanneau, je la crois une allusion aux malheurs de Bentivoglio, dont la scie était l'emblème, et que Jules II a chassé de Bologne. »

Et voilà pourquoi votre fille est muette! Jamais ces critiques ne sont embarrassés : ce grotesque, c'est Louis XII; cet autre, Henri II; celui-ci, le cardinal de Lorraine; celui-là, le cardinal du Bellay, etc.

Il n'y a que les commentateurs pour ne douter de rien. « Ils ont les premiers, disent d'eux-mêmes MM. Esmangart et Johanneau, rattaché au texte de *Gargantua* et de *Pantagruel* les caricatures des *Songes drolatiques*, où l'on admire le cachet de l'auteur, sa folie et son originalité, jointes à l'esprit et à la malignité du burin de Callot, et où l'on voit reparaître, sous les figures les plus grotesques, tous

______

[1] *OEuvres de Rabelais, édition variorum,* augmentées d'un nouveau commentaire historique et philologique par Esmangart et Éloi Johanneau. Dalibon, 1823, t. IX, in-8.

les personnages tant réels qu'allégoriques de ces deux romans ; ils ont *prouvé* que les sujets en étaient tirés, et qu'ils servaient comme de pièces justificatives à ce commentaire historique, qui révèle *enfin* au grand jour ce qui était resté jusqu'ici couvert, sinon d'un voile épais, au moins d'incertitudes. »

Les annotateurs de l'édition de 1823 n'eussent-ils pas rabattu fortement de leurs affirmations si on leur eût montré les *emprunts* faits aux compositions de Pierre Breughel ?

M. Paul Lacroix, qui, dans ces dernières années, a donné une nouvelle édition des *Songes drolatiques* [1], est un peu moins affirmatif.

« Il y a, dit-il, dans les figures de ce recueil tant de physionomies expressives et caractérisées qu'on les reconnaîtrait sans doute parmi les contemporains de l'auteur. Ce seraient alors des portraits grotesques, tout à fait distincts de ceux qui forment la galerie de personnages du *Gargantua* et du *Pantagruel*.

« Ainsi la figure 106 ressemble beaucoup à François Ier.

« La figure 108, qui représente un ouvrier emprisonné dans une fontaine et taillant une pièce de

---

[1] In-8. Genève, Gay, 1868.

bois avec une doloire, pourrait être Étienne Dolet ou Charles Fontaine.

« Par des motifs analogues, nous serions disposé à reconnaître Geoffroy Tory dans la figure 78, dont la tête est coiffée d'un pot cassé, » etc.

La découverte des emprunts faits à un graveur de 1558 [1] par un graveur de 1565, l'impossibilité pour deux dessinateurs de se rencontrer dans l'attifement de semblables figures, la possibilité pour les érudits de trouver de nouvelles traces d'imitations aussi flagrantes, me paraissent devoir arrêter les recherches des commentateurs en ce qui touche les personnages.

Le premier éditeur, du reste, avertissait les gens de ne pas trop s'en préoccuper :

« Ce sont, disait-il, figures d'une aussi estrange façon qu'il s'en pourroit trouver par toute la terre. » Suivant le libraire Richard Breton, ces inventions étaient bonnes « tant pour faire crotestes que pour établir mascarades »; mais quant aux noms et qualités des personnages, l'éditeur s'en tirait habilement : « J'ai laissé ce labeur à ceux qui ont versé en ceste faculté et y sont plus suffisants que moy : voire pour en déclarer le sens mystique ou allégo-

---

[1] La série des *Vices*, d'après Breughel, publiée par Cock, est datée de 1558.

Fac-simile d'après les *Songes drolatiques*.

rique, aussi pour leur imposer les noms qui à chacun seroient convenables. »

Pour qui sait lire, ceci signifie qu'il n'y a ni sens mystique ni allégorique dans ces figures; que chacun peut les baptiser à sa fantaisie, mais qu'il en résultera un « *labeur* » considérable. Ce qui est arrivé.

Il résulte toutefois de l'examen de quelques-unes de ces figures grotesques une allusion à des princes, à des dignitaires de la cour papale. On entrevoit des satires confuses, des sortes de cauchemars qui prennent une vague configuration de cardinaux. A quoi bon mettre un nom au bas de ces silhouettes grimaçantes? Toute une armée de commentateurs s'est ruée sur le texte même de Rabelais et a échoué à en faire jaillir la lumière; le crayon est resté plus mystérieux encore que le roman.

Il faut attendre la Réforme pour faire parler à ses partisans un langage plus net, plus grossier, plus cru. C'est ce que je montrerai dans le prochain volume. Rabelais est le plus utile trait-d'union entre le moyen âge et les manifestations luthériennes. Aussi devais-je étudier avec détails quelle était la part de Rabelais dans ces caprices? J'ai donné les raisons prouvant qu'il comprenait l'utilité des arts du dessin. De là à dessiner de semblables figures il y a un grand pas.

Celui qui, avec son crayon, a donné naissance à

ces images burlesques était un artiste habile. Ce
que le graveur rêvait a été rendu par son crayon
sans hésitation, et déjà dans le harnachement bizarre de ces figures apparaît une certaine adresse
de main. Les détails sont présentés d'une façon burlesque, mais ingénieuse. L'auteur n'a pas voulu
rendre autre chose, et c'est déjà beaucoup que de
l'énoncer clairement avec le crayon. Sans doute les
emprunts sont visibles, et je crois l'avoir montré
suffisamment, mais tout en empruntant il faut avoir
beaucoup dessiné pour arriver à ce résultat, et les
études profondes et diverses, les connaissances mul-
tiples de Rabelais, surtout sa probité de conteur,
ne me semblent l'avoir prédisposé ni à acquérir une
telle adresse de main, ni surtout à piller les compositions d'un maître étranger.

D'après un ancien manuscrit.

# TABLE ANALYTIQUE



## CHAPITRE PREMIER

### VANITÉ DU SYMBOLISME

## CHAPITRE II

### LES ANIMAUX MUSICIENS




## CHAPITRE III

### LA FÊTE DE L'ANE




## CHAPITRE IV

### DANSES DANS LES ÉGLISES ET LES COUVENTS

## CHAPITRE VIII

### CONSÉQUENCES DU ROMAN DE RENART SOUS LOUIS XV



## CHAPITRE IX

### LE ROMAN DE FAUVEL



## CHAPITRE X

### LE NOBLE, LE MOINE, LE SERF

## CHAPITRE XI

### MINIATURES DE MANUSCRITS



## CHAPITRE XII

### ARCHITECTURE RELIGIEUSE. — LA MAISON DES TEMPLIERS A METZ



## CHAPITRE XIII

### ARCHITECTURE MILITAIRE. — LA TOUR DESCH



## CHAPITRE XIV

### FIGURES, SATIRIQUES ET FACÉTIEUSES DES MONUMENTS CIVILS

## CHAPITRE XV

### LES STALLES DES ÉGLISES




## CHAPITRE XVI

### LA CATHÉDRALE AU MOYEN AGE




## CHAPITRE XVII

### DÉROUTE DU SYMBOLISME

## CHAPITRE XVIII

### LES FOUS



## CHAPITRE XIX

### ÉRASME ET L'ÉLOGE DE LA FOLIE



## CHAPITRE XX

### COLLABORATION D'HOLBEIN ET D'ÉRASME



## CHAPITRE XXI

### RABELAIS CARICATURISTE

Modillon
de la
cathédrale de Poitiers.

# TABLE DES GRAVURES

[1] Une lacune dans mes notes m'empêche de vérifier si cette figure a été tirée d'un manuscrit de Douai, de Cambrai ou d'Amiens.

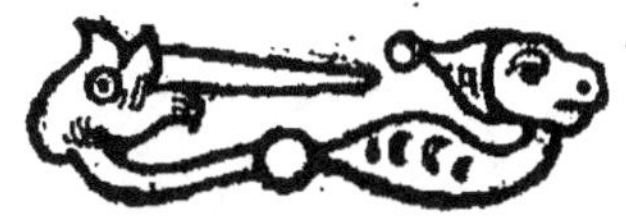

PARIS. — IMP. SIMON RAÇON ET COMP., RUE D'ERFURTH, 1

# HISTOIRE
## DE LA
# CARICATURE ANTIQUE
### Par CHAMPFLEURY

2ᵉ édition. — 1 vol. grand in-18, illustré de 100 gravures. — Prix : 5 fr.

M. François Lenormant, dans *le Correspondant*, parle « du zèle et des soins scrupuleux avec lesquels M. Champfleury a colligé tous les monuments connus jusqu'à ce jour de l'art caricatural des anciens; des observations fines et ingénieuses dont le texte est rempli et auxquelles d'excellentes figures intercalées presque à chaque page donnent un intérêt de plus. »

L'éditeur ne peut mieux donner une idée des améliorations apportées à l'*Histoire de la caricature antique* que par un détail :

La première édition contenait 248 pages et 62 gravures.

La seconde édition contient 332 pages et 100 gravures.

Librairie E. DENTU, Galerie d'Orléans, Palais-Royal

# HISTOIRE

### DE LA

# CARICATURE MODERNE

## Par CHAMPFLEURY

[2ᵉ édition. — 1 vol. grand in-18, illustré de 118 vignettes. — Prix : 5 fr.

« Ce livre est la suite et le complément du livre sur *la Caricature antique*. La lacune qu'il avait à combler dans l'esthétique est énorme, et c'est un véritable acte de courage que d'avoir tenté et mené à bien une série d'études sur des matières aussi délicates. Académies et clubs, gens sérieux et esprits futiles, fonctionnaires et bohèmes, politique et religion, tout est du domaine du caricaturiste.... M. Champfleury a particulièrement étudié les types du *Robert Macaire*, d'Honoré Daumier ; du *Mayeux*, de Traviès ; du *Joseph Prudhomme*, d'Henry Monnier. Il y a, distribués dans  le texte, une quantité considérable de clichés des meilleurs croquis de ces artistes, gravés dans leur meilleur temps par leurs meilleurs graveurs. » (Ph. Burty, *Chronique des arts.*)

------

La première édition contenait 86 vignettes.
La seconde édition contient 118 vignettes et un frontispice en couleur.

# HISTOIRE
## DES FAÏENCES PATRIOTIQUES
### SOUS LA RÉVOLUTION

1 vol. gr. in-18, 3ᵉ édition, augmentée de gravures
et marques nouvelles : 5 fr.

---

*Sous presse pour paraître fin 1875*

# HISTOIRE
## DE LA CARICATURE
### SOÙS LA RÉPUBLIQUE, L'EMPIRE ET LA RESTAURATION

1 vol. gr. in-18, avec de nombreuses gravures
2ᵉ édit. revue et augmentée.

---

*Pour paraître en 1876*

# HISTOIRE
## DE LA CARICATURE
### SOUS LA RÉFORME, LA LIGUE

1 vol. gr. in-18, illustré.